le **pays** légitime

Photo de la couverture: **Kèro**

Maquette de la couverture: Jacques Léveillé

ISBN 2-7609-5503-6

© Copyright Ottawa 1979 par les Éditions Leméac Inc.
Dépôt légal — Bibliothèque nationale du Québec
2e trimestre 1979

hélène
pelletier·baillargeon

le **pays**
légitime

LEMÉAC

À la mémoire de Guillaume Pelletier dit «le Gobloteur» et à Michelle Malbille, mariés à Tourouvre en Perche en 1619, débarqués à Québec en 1641 et installés sur leur terre de Beauport en 1647.

À Jean Baillargeon, de Londigny-en-Angoumois, arrivé à Québec et installé sur sa terre de l'île d'Orléans en 1649, et à Marguerite Guillebourday, fille du Roy mariée à Québec en 1650.

À mes fils et à mes filles qui referont après eux le pays légitime.

PRÉFACE

J'ai la conviction que l'être fort de notre histoire a été la femme. Et je ne puis cacher cette autre conviction que l'extraordinaire révolution féminine des derniers temps anime d'une façon particulière le second souffle de notre peuple. Oh! je sais que les jeux ne sont pas faits. Mais je ne puis m'empêcher de relier ces deux dynamiques historiques. Une femme, en particulier, m'y invite. Elle en est le témoignage vivant.

Hélène Pelletier-Baillargeon est de nos racines les plus riches, de nos combats contemporains les plus cruciaux et de nos espoirs les plus audacieux. La lecture de son manuscrit n'a fait que confirmer ce que j'ai appris d'elle durant un long compagnonnage de lutte et d'échange à la revue Maintenant *et dans plusieurs projets de libération et de promotion collectives. Parler ici de préjugé favorable ou encore de parti pris idéologique, c'est céder à des stéréotypes trop pressés d'épingler une solidarité aveugle, sinon douteuse. «Ah! bien sûr, il ne saurait tenir un autre langage, ce sont des amis, des gens du même camp.» Et me voilà prévenu... et un peu tout le monde. Qu'à cela ne tienne, j'ai trop de solides raisons et trop d'expériences à l'appui pour ne pas dire franchement l'estime que je porte à cette fille du Roy.*

On ne trouvera pas ici une mosaïque disparate d'articles divers, mais une ligne de vie et de pensée d'une remarquable cohérence. Cette femme est tellement la 9 même dans ce qu'elle révèle de son âme, dans son regard limpide sur le monde qui l'entoure, dans sa façon d'être comme dans son engagement et sa foi. La finesse de sa plume porte cette grâce. Et avec quelle simplicité! Quand le propos se fait parfois très critique, il n'en garde pas moins un fond d'empathie et de tendresse, sans pour autant amenuiser la force de l'interpellation ou la netteté du diagnostic.

Dans cet univers éclaté de la cité actuelle, je ne puis cacher mon admiration pour ces êtres capables d'une profonde et pertinente unité dans leurs façons d'être, de penser, de sentir, d'agir et de communiquer. Une nouvelle organicité humaine, quoi, face à l'assèchement de la société mécanique. Encore là, je me demande si la révolution féminine n'est pas la seule présentement à nous ouvrir un tel chemin. Hélène Pelletier-Baillargeon y ajoute une conscience historique qui manque souvent à cet inédit encore trop tributaire des ruptures qu'il a fallu faire avec un certain passé. Elle s'est toujours refusée à disqualifier l'histoire qui nous a faits. Elle a plutôt préféré se battre avec son héritage pour rejeter l'ivraie et en tirer les meilleurs sucs. Ce qui m'apparaît autrement plus sage et plus susceptible de fécondité.

Femme de décision et d'action, c'est là une autre qualité de l'auteur. Dans nos cheminements de groupe, Hélène nous ramenait souvent à la tâche, à l'objectif, à la raison d'être de nos rencontres. On ne dira jamais assez ce que l'équipe de la revue Maintenant, par exemple, doit à son leadership efficace et intelligent. Combien d'autres organismes ont bénéficié d'un apport semblable de sa part? À chacun des chapitres de cet ouvrage, on notera cette riche expérience qui lui permet de bien cerner les enjeux importants des sujets qu'elle traite. Et avec quelle aisance se meut-elle dans les milieux les plus divers! Preuve d'un solide enracinement dans le pays réel et légitime.

Jacques Grand'Maison

PROLOGUE

D'aussi loin que je me souvienne, j'ai toujours su, de certitude profonde, que nous formions un vrai peuple. Je n'ai pas toujours su, cependant, qu'un vrai peuple ne saurait vivre, au sens plein du terme, sans une terre bien à lui. Et surtout, j'ai mis des années à comprendre que, pour être un jour «maître après Dieu» sur nos terres, il fallait s'engager de façon militante dans le combat politique pour l'indépendance du Québec. Pour que les certitudes de l'enfance se transforment enfin en option et en action directes (pour moi, il s'agit de l'écriture) il m'aura fallu atteindre les années de la maturité. Mais, désormais, je ne retournerai plus en arrière. D'une femme faite qui a aimé, enfanté, agi et lutté dans l'émouvant coude à coude fraternel que constitue, depuis dix ans, la prodigieuse reprise en charge du Québec par lui-même, on ne refera plus une petite fille perplexe, ballottée par les fausses peurs et les fausses promesses!

J'ai toujours su que nous formions un vrai peuple. Je l'ai intuitionné, enfant, comme l'Acadienne Angèle Arsenault «dans les chansons de ma mère et sur le violon de mon père». Dans le Bas du Fleuve nos veillées n'avaient rien à voir avec «leurs» veillées... La gouaille et la truculence de mes oncles, l'amour taquin qu'on y portait aux enfants et cette tendre connivence entre les hommes et les femmes qui ne ressemblait ni au tutoiement familier des Américains, ni à la courtoisie distante des Anglais, ni à la cour charmeuse que font 11 les Français... Nous aimions bien manger, bien boire et rire, même au milieu de nos malheurs : nous formions un peuple gai où l'espoir avait la vie tenace.

Plus tard, quand j'ai commencé à m'aventurer hors du cercle familial, j'ai retrouvé la marque de cette chaleur et de cette couleur bien caractéristiques de notre identité dans les institutions que nous nous étions collectivement données : nos premiers syndicats, nos Caisses populaires. Et avec d'autres, je me suis prise à caresser l'idée de nous voir enfin posséder un paysage, une industrie, un commerce, un syndicalisme, une école, une vie politique façonnés *par* et *pour* nous à l'image fidèle de ce que nous sommes. Ce n'est pas pour rien que les poètes et les chansonniers ont été les premiers sur la ligne de feu de ce combat pacifique pour l'indépendance : ce sont eux qui ont, les premiers, exprimé en mots et en musique nos raisons profondes de vouloir construire Manic 5, de reprendre possession de nos forêts, de nationaliser notre amiante ou de rapatrier nos capitaux éparpillés par des compagnies sans tripes ni racines du genre Sun Life...

Ces raisons-là font peur à nos adversaires : ils essaient de les dévaloriser en disant qu'il s'agit là d'émotions. Mais ils savent bien, au fond, eux qui lisent l'Histoire comme nous, qu'il n'y a que les grandes passions populaires à avoir modifié vraiment la face du monde. La France de 1945 ne s'est pas libérée à la suite d'une opération comptable : la Résistance, ce fut d'abord une affaire de cœur. Moi je n'ai pas honte, en tout cas, d'aimer passionnément mon peuple de cette façon-là.

Mon engagement politique a eu lieu un peu sur le tard, en 1970, lorsque le gouvernement Bertrand a pris la décision de voter la Loi 63 qui donnait à la langue anglaise au Québec un statut d'égalité avec le français. En un jour, moi plutôt douce à l'accoutumée, je suis devenue comme une lionne que l'on menace de prendre son petit... Et autour de moi, tous les vrais Québécois que j'admirais et estimais, tous ceux-là qui m'avaient formé l'esprit et le jugement, même les plus modérés protestaient à grands cris devant l'Assemblée nationale. On ne pouvait désormais plus tergiverser ni faire marche arrière.

J'étais chargée de jeunes enfants. Pourtant, ce soir-là, je m'en souviens, leur père et moi avons décidé de notre adhésion à côté du berceau de la petite dernière. Qu'est-ce, en effet, qu'un enfant gavé de tendresse qui découvrirait, devenu adulte, que son père et sa mère ont manqué de courage à l'heure où ils avaient à choisir, en leur âme et conscience, de lui laisser un vrai pays en héritage?

PREMIÈRE PARTIE

La mémoire et le pays

L'ESPOIR EST DANS LA SUCRERIE

Tout cela s'était passé ainsi. Probablement durant la répression qui devait suivre la Conquête de 1760. Du moins mes frères et moi en tenions-nous la version orale exacte de mon père, laquelle version avait été consignée et confirmée par un oncle qui faisait métier d'écriture au début du siècle.

La ferme de la famille, comme tant d'autres le long du Saint-Laurent, avait été, nous racontaient-ils, promise à la torche des incendiaires. Les hommes de main du général Wolfe ratissaient systématiquement la rive sud cet automne-là. L'aïeul avait été prévenu comme les autres, par des messagers venus par les bois d'en arrière. Et de nuit, avec ses garçons, il avait déménagé en secret nos biens les plus précieux dans une sucrerie invisible depuis le chemin du Roy.

Puis, notre arrière-arrière-grand-mère étant enceinte, la famille attendit sur place, les lèvres et le cœur serrés, que son tour vienne de passer au feu. Quand les Anglais se présentèrent, Marie-Scholastique était déjà dans les douleurs et tout ce que Germain pût obtenir, c'est que quatre officiers transportassent son grabat sous le grand orme, dehors, à la pluie battante, avant de procéder à leur triste besogne.

Marie-Scholastique soufflant et peinant sous son arbre a dû s'en mettre plein les ongles de la bonne terre de Saint-Roch-des-Aulnaies... Pendant ce temps-là, le petit Charles-Narcisse bousculait tout le monde sans doute pour naître à temps pour voir le feu...

Puis, les Anglais repartis, les garçons et le père ont défait leurs ceintures pour s'atteler ensemble à monter la paillasse, la mère et l'enfant à la sucrerie.

Dans les jours qui suivirent, et toute sa vie durant, on dit que Marie-Scholastique n'a jamais voulu ouvrir la bouche sur «la chose». Elle a commencé par coucher Charles-Narcisse bien emmailloté dans une bassine à 17 *bouillir l'eau d'érable; elle a accroché le fanal au bon endroit pour que les petites filles puissent continuer d'étudier leur grammaire et leur catéchisme; puis elle s'est remise à ourler les rideaux d'indienne qu'elle avait taillés avant son accouchement d'après les mesures des fenêtres de la sucrerie.*

De temps à autre, durant tout le temps qu'ils y demeurèrent cachés, des messagers passaient le soir donner des nouvelles des villages avoisinants. Germain, la voix étranglée, les questionnait. Marie-Scholastique les laissait filer un bon moment. Quand elle en avait assez de les entendre jurer et déplorer, elle les arrêtait de la main: «Vous allez faire faire des mauvais rêves aux enfants. Pierre-Guillaume, viens un peu ici chanter.»

Et Pierre-Guillaume chantait. Il était maigre, grand nez, grande bouche, les bras en l'air comme un arbre déplumé. Mais quand il attaquait le dernier couplet de Dans les prisons de Nantes *sa voix fêlée enlevait toute amertume au cœur. Les Pelletier alors comprenaient de source certaine que le jour approchait où ils redescendraient relever pierre par pierre leur maison brûlée. Charles-Narcisse, d'ailleurs, commençait à être à l'étroit dans sa bassine de fer.*

1975: mon pays brûle, il est occupé par d'autres Pourquoi le nier? À Montréal, les investisseurs étrangers mettent le pic dans les vieilles pierres et les poutres mortaisées par les ancêtres. Sur la Côte Nord, nos plus belles épinettes sont fauchées par I.T.T. À la Baie James on éventre le pays des autochtones. Au ministère de l'Éducation, on a fermé des écoles françaises parce que, contrairement à Marie-Scholastique, mes sœurs québécoises n'osent plus mettre bas tandis que le feu est à la maison.

Mais je ne veux plus allonger la nomenclature: pourquoi faire faire des mauvais rêves aux enfants? Moi j'ai parié depuis longtemps pour la sucrerie. On commence d'ailleurs à y être pas mal nombreux à fourbir en secret au son d'une chanson de Vigneault...

Il y a des jours où on hésite sur le plus urgent à fourbir: tout est à rebâtir, des agrès de pêche aux agrès de terre, en passant par les Cegeps et les syndicats. Moi aussi je prête l'oreille aux messagers, à ceux qui savent. Je suis prête. J'attends le signal pour redescendre à la maison.

Mais quand ils commencent à se lamenter un peu trop à mon goût, quand ils recommencent à additionner les incendies, je replie le journal et je retourne ourler mes rideaux, chose que je sais très bien faire et qui redonne le goût à la vie: la beauté ça compte dans des moments pareils...

Je remets les pleins feux du fanal sur la grammaire française vu que la langue maternelle ça me regarde de plein droit et en tout premier lieu. Et que je me méfie des hommes qui ont précédemment tenté de la troquer à mon insu contre une plus rentable. Pleins feux aussi sur un certain catéchisme que je me suis refait à ma façon et qui ne peut pas nuire en l'occurrence, vu qu'il mise aussi sur l'espérance.

Moi aussi, de temps à autre, j'envoie un petit gars écornifler chez «les autres». Il revient toujours me rapporter la même chose: tant que vous additionnez vos incendies en vous lamentant et en essayant de deviner par de savants calculs où va flamber la prochaine bâtisse, «ils» sont bien tranquilles!

Mais quand «ils» entendent dire que vous avez mis des rideaux aux fenêtres de la sucrerie, que les enfants eux-mêmes font leur part pour que l'école continue, que vous avez un barde à la voix fêlée qui vous chante les grands vents et la liberté et que le petit dernier commence à s'agiter dans son ber...

Alors là... peut-être qu'«ils» commencent sérieusement à prendre les mesures de la place que pourrait occuper bientôt la maison qu'il nous reste malgré tout à relever. Parce qu'entre nous, la sucrerie, c'est peut-être charmant au printemps, mais il faudrait bien qu'on finisse par en sortir!

Car si les fourmis dont on vient de saccager le nid figeaient toutes dans l'attente du prochain coup de pied? Et si les femmes s'arrêtaient de nourrir les vivants pendant les veillées de funérailles? Et si les jardiniers envoyaient promener leurs outils à la première neige 19 et que René Lévesque remettait sa démission à la première bourrasque?

Moi, en tout cas, je continue. Même si la poudrerie m'empêche par bouts de voir clair, clair, clair bien longtemps d'avance. Moi aussi je retourne à mes rideaux. Avec ma petite aiguille toute trempée d'encre.

CE NATIONALISME QU'ON DIT DÉSUET

Quand les grands stratèges de la raison politique se penchent sur la carte du monde pour planifier et rentabiliser les rapports entre les peuples, un élément vient souvent faire échec à leurs calculs rationnels. Cet élément irritant et récurrent, c'est la passion irréductible pour la liberté qui, depuis l'aube de l'humanité, s'obstine à soulever certains groupes. Une liberté gratuite qui trouve en elle-même sa propre justification et que ni les promesses d'opulence, ni les répressions ne parviennent à entamer. Cette passion s'appelle le nationalisme.

Dans notre civilisation d'efficacité et de rentabilité, le nationalisme, comme les grandes passions amoureuses, fait volontiers figure d'anachronisme. Que peut bien signifier cette quête exclusive et obstinée de Tristan à la recherche d'Yseult, à l'époque de la libération sexuelle? Tournez le bouton, je vous en prie!... Que venait faire également, sur l'échiquier politique, cette passion de s'autodéterminer chez des Algériens pauvres que la France entretenait pourtant avec une certaine largesse de ses multiples programmes d'assistance? Et cette obstination des Noirs du monde entier de s'affranchir de la tutelle protectionniste des Blancs? Et celle des femmes, tandis qu'on y est, qui, depuis un demi-siècle, quittent par milliers le confort douillet du patriarcat pour relever les durs défis de l'indépendance économique? Sont-ils tous devenus fous et folles, ces inconséquents aventuriers de la liberté?

Pourtant, au cours de l'histoire, à l'heure où tous les esprits pondérés baissaient pavillon, ce sont souvent les nationalistes qui, par leur refus entêté de l'échec, reprenaient clandestinement la lutte et déjouaient les savants calculs des prophètes de malheur. Aux heures noires du combat, ces têtus et ces obtus se retrouvaient isolés du monde avec leur vision grandiloquente d'une «patrie» à laquelle ils étaient seuls à croire et à sacri- 21 fier. Aux heures de la victoire, ils étaient au contraire admirés et enviés comme le sont toujours les êtres habités d'une grande passion.

Admirés mais redoutés : toutes les passions exclusives font peur. Petit pays, le Viêt-nam faisait peur aux grandes puissances, Israël fait peur. L'Irlande du Nord fait peur. Les Kataëb libanais font peur. Les nationalismes font tous peur parce qu'ils sont indestructibles, qu'ils sont mus par des forces qui ne se monnayent pas et parce qu'ils adoptent des ruses qui ne se laissent pas présager. Les lourds blindés de l'occupation allemande, durant la guerre de '39-'45, étaient constamment mis en échec par «l'armée des ombres» de la Résistance française. Et pourtant, cette «armée» était en grande partie composée de petites gens, de femmes et d'adolescents. Songeons aussi à l'héroïque décision du petit peuple de Hollande qui, pour retarder la progression des troupes d'Hitler, imagina de briser lui-même les digues séculaires qui avaient permis à ses ancêtres de contenir la mer loin de leurs terres.

Si les nationalismes font tellement peur c'est aussi parce que ceux «qui n'en sont pas» redoutent de les voir se retourner inopinément contre eux. Nombreux sont alors ceux qui voient planer autour des nationalismes l'ombre du racisme. Les Blancs redoutent les représailles des Noirs libérés comme les hommes le sexisme à rebours des femmes émancipées. Parfois aussi la mauvaise conscience de leur comportement passé ne va pas sans justifier partiellement leur appréhension... Les Français d'Algérie, jadis, en firent, il est vrai, la douloureuse expérience et le moins qu'on puisse dire des Rhodésiens blancs, c'est qu'ils ne doivent pas dormir tous les soirs sur leurs deux oreilles...

Les nationalismes n'ont pas meilleure presse à l'intérieur du bloc communiste qu'à l'intérieur du bloc capitaliste. Les Soviétiques étouffent pour le moment la résistance polonaise, comme ils ont écrasé le soulèvement de Budapest, le «printemps» de Prague, mais baissé pavillon devant la rocailleuse indépendance du président Tito. Afin d'obtenir à bon compte les matières premières et le *cheap labour* nécessaires à leur prospérité économique, les Américains ont longtemps financé en sous-main, en Asie comme en Amérique latine, des dictatures sanguinaires sans cœur et sans âme qui réprimaient à leur place la soif d'émancipation sociale et nationale des populations exploitées. Mais en dépit de leur puissance économique et militaire, l'Histoire en témoigne, ils n'ont pas toujours eu le dernier mot.

Le Canada anglais est aujourd'hui plus que jamais confronté au nationalisme francophone. Comme toutes les grandes puissances «qui n'en sont pas», le Canada envie et redoute à la fois cette force intérieure fuyante qui se laisse mal apprivoiser et qui, lorsqu'on croit l'avoir matée, resurgit peu de temps après, renouvelée, presque méconnaissable. Une force intérieure déroutante qui, au cours de son histoire, a adopté des stratégies paradoxales inintelligibles pour tous les esprits soucieux de cohérence idéologique et de loyauté partisane. «Bleu à Québec, rouge à Ottawa» ont longtemps voté les Québécois, en dépit de toute logique et au grand dam des politicologues. Sans doute parce qu'il ne convenait pas à un peuple minoritaire de mettre tous ses œufs dans le même panier ni de donner à l'adversaire la fâcheuse assurance qu'il pouvait prendre une fois pour toutes son vote pour acquis.

Cette opiniâtreté rusée a la vie dure. Avec des larmes dans la voix, notre collègue Solange Chaput-Rolland a essayé de le faire comprendre au Canada anglais lors de la tournée de la Commission Pépin-Robarts: il faut être aveugle ou inconscient pour croire que le Québec, en pleine explosion de son identité culturelle, va accepter de la troquer contre une simple promesse de plus grande prospérité économique. Tous les nationalistes du monde savent cela: une identité culturelle vigoureuse donne des ailes et stimule au contraire le goût des défis. Point n'est besoin d'être indépendantiste pour savoir dans quelle ferveur nationale Manic 5 s'est construit ni pour se rappeler avec quelle émouvante complicité les petits épargnants des premières Caisses populaires ont édifié ensemble le mouvement Desjardins.

Or les Canadiens anglais, depuis que l'Union Jack ne flotte plus sur leur pays, n'ont jamais réussi de leur côté à redonner un contenu «nationaliste» et communicatif à leur identité canadienne. Et tout en taxant de racisme et d'intolérance la loi 101 des Québécois, ils se demandent en secret comment contrer chez eux l'envahissante culture américaine. À Toronto, la cote d'écoute de Radio-Canada (CBC) est en perpétuelle perte de popularité, les téléspectateurs se sentant tout autant « chez eux » devant les émissions des chaînes américaines. C'est en grande partie à cause de la barrière linguistique, constatent-ils avec amertume, que les Québécois ont été au contraire condamnés à une créativité culturelle qu'ils leur envient.

Aussi est-il plus que jamais vrai, en dépit des durcissements actuels entre fédéralistes et indépendantistes, qu'au Québec, la carte nationaliste va demeurer encore longtemps une carte maîtresse. Les fédéralistes québécois, certes, vont essayer tactiquement d'identifier la social-démocratie nationaliste du Parti Québécois avec le clérico-nationalisme réactionnaire et obscurantiste de l'époque duplessiste. Mais la tactique reste piégée : on ne se dissocie pas toujours impunément du filon nationaliste, fût-ce de ses formes les plus saugrenues et les plus exécrables. Duplessis réélu durant un quart de siècle, c'était la stratégie d'enfermement d'un peuple qui se murait lui-même à l'intérieur d'une société bloquée, au risque d'y voir ses forces vives périr d'inanition. Et cela jusqu'à ce que l'atmosphère extérieure lui ait semblé plus respirable et moins dangereuse pour la sauvegarde de son identité. Après, de « maîtres chez nous » en « égalité ou indépendance », jusqu'à l'élection du Parti Québécois, ce peuple gravira un à un avec une rapidité déconcertante tous les échelons de sa volonté têtue d'affirmation.

Le Québec n'est peut-être pas majoritairement prêt à voter « oui » au référendum ? Il l'est certainement à dire « non » à ceux qui prétendront l'écarter de la continuité de cette quête opiniâtre où, d'instinct, son nationalisme l'a jusqu'à présent conduit.

LES FEUX DE LA SAINT-JEAN

Je ne dois pas être la seule à me rappeler ce documentaire à peine retouché, tourné durant les interminables mois du siège de Stalingrad. Quinze ou vingt ans après la guerre, sur une mauvaise pellicule, on nous faisait revivre un combat de Russes et d'Allemands condamnés à se disputer sans fin, sous le froid, le même pâté de maisons écroulées, tantôt reprises, tantôt perdues. Soudain, un après-midi de Noël, une trêve intervient. Dans un silence de mort, parmi les décombres, pesamment, maladroitement, six hommes emmitouflés traînent un piano bancal et le calent tant bien que mal à l'aide de gravats. Derrière eux, une silhouette aux mains vides s'avance. Elle retire ses grosses mitaines de combattant, et se délie les doigts au-dessus d'un brasero improvisé. Nous ne le verrons jamais que de dos, virtuose anonyme que la guerre aura transformé en tireur d'élite... Il joue du Mozart à la demande générale, dans Stalingrad assiégé... Les trilles les plus purs et les plus amoureux virevoltent au-dessus des cadavres et des mitraillettes. Brièvement, ceux qui vont bientôt tuer ou être tués communient à la source de la divine tendresse.

L'image est-elle trop forte pour parler ici du sens de la fête, du sens de *toute* fête? Faire taire pour un jour ces mots qui nous divisent, laisser sourdre librement *pour un jour* ces rêves informulés, difformes et enivrants qui nous rassemblent? Aussi, les jours de fête, le poète, le musicien et le saltimbanque sont-ils rois, parce qu'eux seuls savent nouer avec des images, des notes et des pirouettes, ces fraternités impossibles dont il faudrait pourtant garder la tenace souvenance dans les luttes à venir.

Car les mots qui nous divisent sont souvent piégés par ceux-là mêmes que notre improbable solidarité arrange. Ces rêves qui nous rassemblent, ils sont au contraire efficaces comme l'air libre à des emmurés. Voilà 25 pourquoi l'on n'a jamais lancé les forces de l'ordre contre le département de sciences politiques de l'UQAM ni contre le siège social de la revue *Stratégie*, mais bien, il y a quelques années, contre des gens qui dansaient des bastringues et turlutaient du Vigneault dans les rues du Vieux-Montréal...

Ce soir de fête, grâce aux symboles, mon oncle Honorius de Saint-Alexandre, celui qui vote créditiste au nom de l'«entreprise privée», pourra donc venir trinquer avec les marxistes du Carré Saint-Louis qui sont contre. Parce qu'au fond, mon oncle Honorius n'est ni pour Domtar, ni pour l'Anglo-Pulp, ni pour Iron Ore, ni pour Stelco, ni pour Kraft, ni pour Union Carbide, ni pour I.T.T. Il est pour la petite cordonnerie de notre cousin Charles-Eugène, pour la mercerie de la mère Sicotte, pour la fabrique-de-portes-et-fenêtres-en-tous-genres de la famille Turmel. Demain, comme mon oncle Honorius gagne tout de même dans les $5 000 par an avec ses 75 arpents et ses 20 vaches à bœuf, les marxistes du Carré Saint-Louis retournés à leurs gros livres seront bien obligés de le rejeter «en tant que propriétaire des moyens de production». Mais ce soir, ils écoutent ensemble sous les étoiles *Le Grand Six Pieds, Fer et Titane, Bozo-les-culottes, La Parenté, La Manic et L'Alouette en colère*. Veut, veut pas, leurs jongleries s'entremêlent. Elles vont faire un crochet du côté de la United Aircraft et des grains de provende en passant par l'enquête Cliche et le bœuf Cotroni. Mais quand on reprendra ensemble la danse à Saint-Dilon, ce sera peut-être la même échine qui se redressera et le même goût de recommencement qui les travaillera?...

Ce soir de fête, faute de mieux, il arrivera que des gars du Conseil Central qui ont voté la fondation d'un parti des travailleurs viendront quand même célébrer avec des péquistes. Ils ne peuvent quand même pas attendre (qu'ils se disent) ni le Victoria Day, ni la Saint-Patrick, ni le centenaire du *Capital*? Alors ils fêteront peut-être bien avec Parizeau, avec François-Albert Angers même...

Ce soir de fête, Jules Dorion de Town of Mount-Royal laissera sa cravate chez lui. D'abord parce qu'il est 26 en congé forcé de maladie de la Noemie Packing Creating

& Moving. Ensuite parce qu'à l'occasion de son premier infarctus, il a compris qu'il avait beau être l'heureux-premier-Canadien-français-à-devenir-gérant-du-personnel-à-la-Noemie, la Noemie ne donnait pas plus cher de sa peau que l'Asbestos Corporation ne donnait de celle de ses mineurs époumonés. Pour lui *tous* les «pepsi», cravatés ou pas, sont des citrons, qu'on presse à fond et qu'on rejette ensuite. Et Jules Dorion descend seul à pied au parc Jeanne-Mance, oublier sa peur de crever (comme les ébouillantés de la Canadian Electrolytic Zinc) en ouvrant la région de Chibougamau pour le compte de la Noemie...

Ce soir de fête, pendant que leurs confrères en seront à leur 19e trou au Windsmere Golf club, il y aura parmi la foule leur *bell boy* dissimulé dans la poche, des docteurs du groupe Pro-Vie et d'autres docteurs qui défendent Morgentaler. Hier encore ils se sont rudement battus! Mais dans les mois et les années passés, il y avait parmi nombre d'entre eux une conviction si forte qu'ils appelaient tour à tour «justice, fraternité, dignité, respect, égalité» qu'à chaque semaine, délaissant le rendement facile de la castonguette, ils ont investi du temps en réunions, en comités, en fronts d'action pour qu'enfin les femmes enceintes, d'une manière ou d'une autre, soient traitées autrement qu'en pièces détachées...

Mais ce soir de fête, en tout premier lieu, je ne vais pas l'oublier, il y aura précisément beaucoup de femmes et d'enfants sur la place. Parce que ce sont de beaucoup les plus doués pour les fêtes... Les plus doués pour entremêler sans problèmes les mots qui divisent de rêves indéracinables qui rassemblent. Des femmes au foyer qui lavent, qui cuisent, qui tricotent du «phentex» en écoutant la vie du dehors à CKVL...

Des ouvrières du vêtement qui taillent, qui cousent, qui surjettent dans le fracas des machines. Des secrétaires du Bell qui sois-belle-et-tais-toi, qui réservez-moi-une-première-classe-pour-Toronto, qui faites-moi-ça-en-six-copies... Des enfants de l'école nouvelle Montessori et d'autres de l'école du coin de rue. Des enfants-cœurs qui font des commerciaux à la TV et d'autres qui souffrent de fibrose kystique. Des enfants qui ont appris à lire avec la méthode globale, la méthode dynamique, le 27 sablier ou le coup de pied au cul... Et avec tout ça rassemblé, ce soir, on va faire un peuple québécois en liesse!

On va tendre sur le ciel de juin le beau velours noir du Grand soir marxiste. Là-dessus, sur fond de gueule de Miron, on va quand même épingler le cœur en écharpe de Jules Dorion de Town of Mount-Royal, l'œil sombre de Marcel Pepin avec l'œil blanc de Pierre Bourgault, le sigle du R.C.M., la fleur de lys argentée de la United, le 30% d'octobre '73, la plus grosse bête à cornes de mon oncle Honorius, le goupillon de Monseigneur Lavoie, le filtre à amiante de l'Asbestos Corporation, la cigarette à Lévesque, le grand soleil d'or de Jacques Michel, le fémur du géant Beaupré, le Manuel de 1er mai, le «phentex» mauve de madame Bigaouette, la tomate de Manseau, deux ou trois séquences des *Ordres*, la pipe de Pit Lafrance, le *bell boy* du docteur Lespérance, une bottine cloutée ayant appartenu à Jos Montferrand, la première copie du *Jour*, le plus beau chapeau de Simone Chartrand, la photo de premier communiant de Dédé Desjardins, une demi-corde de pitoune, la sténorette de Linda Lachance, la tignasse de Robert Cliche, la fossette à Clémence, le Q du P.Q., avec, pour finir, la moppe de la Sagouine et une grappe juteuse de raisins de la Californie...

On va rassembler tout ça en la plus belle, la plus grosse gerbe de couleurs qui ait jamais illuminé une nuit de juin. On va tous se casser le cou trente secondes en la regardant s'épanouir en une, en deux, en trois pétarades assourdissantes... Un grand ah-ah-ah d'émerveillement va monter de la foule...

Et puis demain, requinqués, on va tous retourner affûter nos plumes, nos discours, nos motions, nos outils et nos amendements pour continuer le dur, l'orageux, le discordant, le vertigineux, l'indispensable apprentissage de la démocratie...

JEAN-BAPTISTE DÉCAPÉ

Chez un peuple qui entreprend de faire sa libération, tranquille ou pas, la vie des symboles collectifs est extrêmement intéressante à observer; leur polyvalence se met à éclater, dans toutes sortes de directions insoupçonnées comme au cours d'un feu d'artifice. Certains d'entre eux, en apparence éculés ou privés de vie, reprennent subitement un dynamisme provoquant à la faveur d'un événement fortuit ou d'une conjoncture idéologique nouvelle.

Il a suffi, au Québec, qu'un Vigneault reprenne les vieux rythmes chers à madame Bolduc pour faire des *Gens de mon pays* ou de *La Danse à Saint-Dilon* un chant de ralliement indépendantiste. Il a suffi de quelques jeunes révolutionnaires intuitifs pour faire, un certain matin d'octobre, de la tuque à Séraphin Poudrier et de la ceinture fléchée à Marius Barbeau une panoplie subversive... Tout le long du fleuve, dans le Bas Saint-Laurent d'où je viens, les belles maisons québécoises se décapent une à une de leur peinture rose «flamingo» et vert «lime» au même rythme où les consciences se décapent de leur vieille peur de colonisées...

«Et alors, le vieux symbole de Jean-Baptiste?» — «Oh, Jean-Baptiste, me répondra-t-on, ça fait un peu vieux; le mouton, tout ça... c'est un peu passé... Disons plutôt: la fête du Québec, ce sera davantage tourné vers l'avenir...»

Et alors on me pardonnera ma tête dure et mes vieux réflexes de ménagère (on ne jette rien trop vite: ça peut toujours servir) qui m'ont plutôt donné le goût d'aller, armée de mon plumeau et de mon grattoir à peinture, faire un tour du côté de Jean-Baptiste qui a donné depuis trois siècles son prénom au héros débonnaire de toutes nos blagues populaires, et son mouton comme emblème miteux à toutes nos démissions et soumissions...

Faisons donc le point, ensemble, sur les données historiques actuellement acceptées en milieu exégétique au sujet de ce Jean, dit «le Baptiste», qu'un bref de Pie X devait donner comme «saint patron» au peuple que l'on sait...

Commençons par le mouton. Le petit mouton docile bouclé et immaculé est en réalité un thème iconographique récupéré chez nous auprès de la peinture religieuse italienne du XVIIIe siècle. Avec Guido Reni, le goût de l'époque privilégiait des images bucoliques d'opérette où la bergerie tenait une place aussi importante qu'au petit Trianon de Marie-Antoinette! Mais nous sommes là très loin, avec le mouton, de la réalité palestinienne du désert à l'époque où Jean y vivait. Car si l'image de l'agneau accompagne Jean dans l'iconographie primitive, ce n'est pas à cause d'un contexte pastoral qui eût été au contraire le propre d'une région fertile, mais à cause de Jésus que Jean désigne lui-même comme «l'agneau». Or, en français, «agneau» peut sans doute évoquer fragilité, faiblesse ou soumission. Mais en langue sémite, l'agneau désigne au contraire le jeune mâle, le futur bélier qui sera choisi à cause de sa force pour diriger le troupeau.

Quant à Jean lui-même, il suffit de visiter la région désertique où il choisit de s'installer pour imaginer qu'il devait être le contraire d'une «petite nature». Comme pour se lancer seul à la conquête de l'immensité gelée de la Nouvelle-France, il fallait être physiquement et moralement taillé à la hache.

Jean avait établi son campement sur les bords du Jourdain où déjà pullulaient un grand nombre de «baptiseurs» de toutes sortes. Le rite de l'eau, chez ces peuples du désert, était un rite très courant d'initiation ou d'entrée. Mais on baptisait tout le long du Jourdain au nom d'un très grand nombre d'idéologies ou de spiritualités. N'oublions pas que, dans cet état d'Israël occupé et soumis au joug colonial des Romains, le climat politique et religieux est extraordinairement effervescent. Les options les plus opposées s'affrontent quotidiennement. Les Sadducéens, qui ne croient pas en la résurrection, y constituent un *establishment* qui collabore et pactise

avec l'occupant en échange de certains privilèges de

classe (ils deviendront très vite les plus irréductibles ennemis de Jésus). Les Pharisiens, plus proches du petit peuple, s'enferment dans la minutie des rituels et des codes moralisateurs. Les Esséniens, authentiques intégristes du temps et dont il a beaucoup été question ces dernières années à l'occasion de la découverte archéologique des manuscrits de la Mer Morte, choisissent une sorte de fuite mystique dans un existence monastique coupée du reste de la communauté juive. Quant aux Zélotes ou Sicaires (du nom du long coutelas qu'ils portaient en permanence sur eux) ce sont de véritables terroristes qui, par leurs actions violentes, tentent de libérer Israël de l'occupation étrangère. Barabbas, ce «bandit» qui, dans l'Évangile, se vit préférer à Jésus par le peuple auquel Pilate offrait le choix, était vraisemblablement l'un de ces agitateurs armés capturé au cours d'une manifestation.

C'est au carrefour de toutes ces tendances et de toutes ces options que Jean inaugure son action prophétique. Action très fluide qui ne s'embarrasse pas de structures partisanes, celle-ci demeure en tension permanente entre la tendance radicale et la tendance pacifiste. Mais elle n'est pas pour cela forcément «centriste»... Aussi quand Jean parle de «salut» et de «libération», ses «baptisés» l'entendent dans un contexte où il est impossible de désimbriquer tout à fait la signification politique concrète de la signification religieuse. «Au nom de Jean», bien des types d'action pourront être entreprises que, par une vision trop rationnelle des choses, on serait tenter de juger incompatibles... Si Jean, de son lointain désert, dérange à ce point les petites combines du roitelet Hérode, c'est qu'il exerce sur le peuple un pouvoir moral d'une étendue qui va bien au-delà de la condamnation de sa petie affaire privée avec Hérodiade et Salomé...

Mettons un instant la bride sur le cou à notre imaginaire... je vois déjà, supplantant le mouton sur le char allégorique de notre parade nationale, un saint Jean-Baptiste en *poster* géant devant le cobra à sept têtes de la S.L.A. avec le béret du Che, le bandeau de Moishe Dayan, la vareuse de Mao et la barbe de Paul Rose! Grands dieux!, quel hallucinant retour des choses: le 31

Précurseur est au désert entraînant ses guérilleros dans la clandestinité! Mais redevenons sérieux...

Même s'il est certain que les Zélotes devaient donner à la «libération» annoncée par Jean un sens rigoureusement politique, l'histoire ne nous livre pas de données précises permettant d'établir un lien organique entre l'enseignement de Jean et les entreprises subversives des Zélotes. Il est probable que si ce lien avait existé, les chroniqueurs du temps, tels Flavius Josèphe ou Philon d'Alexandrie qui ont fidèlement relaté les échauffourées sanglantes déclenchées par les Zélotes, les purges et les crucifixions qui s'ensuivaient immanquablement de la part des Romains, nous auraient aussi fait part du leadership de Jean si celui-ci avait existé...

Que vais-je donc conclure de mon entreprise de décapage? Qu'un symbole possède une vitalité foisonnante. Que si, à l'époque du messianisme religieux de Mgr Paquet on a pu trouver en Jean-Baptiste le Précurseur un symbole de ralliement missionnaire, celui-ci est loin d'être culturellement épuisé. Multidimensionnel, il demeure disponible à un Québec pluraliste et moderne... À l'époque de la chrétienté médiévale, les feux de la Saint-Jean avaient repris la symbolique agraire des fêtes païennes du solstice d'été. En 1636, le Père Le Jeune rapporte dans les *Relations des jésuites* la célébration du feu depuis les hauteurs de Québec. En 1850, Benjamin Sulte décrit, entre Trois-Rivières et Québec, le spectacle de «tous ces feux se regardant les uns les autres» de part et d'autre du fleuve...

Le Québec de demain s'il est conscient de cette richesse ne manquera pas de reprendre à son compte et de reformuler dans son langage l'intuition primitive de ses ancêtres croyants qui se donnèrent pour emblème, à l'orée de leurs étés, un homme rude et entêté, un peu illuminé sur les bords, qui s'obstinait à parler de libération au désert et qui finit malgré tout par être entendu.

DEUXIÈME PARTIE

Démocratie quotidienne

J'ÉCOUTE LES NOUVELLES ET PUIS JE M'ENDORS...

En principe, je ne devrais pas me reconnaître de meilleure informatrice que mon amie Pierrette. À tous moments durant la semaine, connaissant bien mes occupations, elle me téléphone tout excitée : « Vite, vite, prends C.K.V.L.! le ministre de l'Éducation est interviewé sur la baisse de l'orthographe dans les écoles... » Ou bien, au téléjournal anglais, elle vient d'apprendre que Philip Edmundston a fini par repérer un nouveau truc diabolique dans les entrailles de la Ford XYZ dont je possède un exemplaire amoché. Pierrette est une mordue de l'information !

Le matin Pierrette fait ses lits le transistor en bandoulière, déplaçant sans cesse le bouton de CBF à CKAC et de CFGL à CJMS pour capter l'événement qui galvanisera peut-être sa journée. En temps d'élections il y a chez elle, branchés en permanence, deux appareils TV qui fonctionnent à pleins tubes, sans compter la radio de la cuisine qui se superpose et le fameux transistor qui la suit comme une besace depuis le lavoir jusqu'au petit coin. Durant les événements d'octobre '70, tandis que Bernard Derome nous tenait en haleine de minute en minute sur le sort des infortunés Cross et Laporte, les enfants de Pierrette en avaient subi une sérieuse perte de poids : Pierrette ne trouvait littéralement plus le temps de faire à manger.

J'ai été quelquefois tentée d'avoir honte en me comparant à Pierrette car non seulement ma fébrile voisine ne rate-t-elle jamais le moindre bulletin de nouvelles télévisé ou radiodiffusé, mais encore reçoit-elle régulièrement, en plus de la grosse *Presse*, le *Montréal-Matin*, *Le Devoir*, *Paris Match*, *Time*, *L'Actualité*, *Châtelaine*, *Consumer Reports*, *Québec Sciences*, *National Geographic Magazine* et j'en passe... Quand je vois les revues et les journaux s'empiler dans les poubelles de Pierrette, le lundi matin, j'en viens à me sentir presque 35 soulagée pour elle que *Québec Presse, Maintenant* et *Le Jour* aient fini par disparaître...

Un jour, cependant, j'ai été tentée de faire une petite évaluation des effets de cette surconsommation d'informations sur mon intrépide rabatteuse de nouvelles. Et je me suis aperçue que Pierrette consacrait tellement de temps à s'informer des multiples problèmes qui assaillent notre société, qu'elle n'avait jamais réussi jusqu'à présent à trouver une minute de son temps pour tenter elle-même d'en solutionner au moins un. Pierrette possédait tout un éventail de cartes de membre acquises auprès d'une foule d'associations de parents, de consommateurs ou de bénévoles. Elle était même membre d'un parti politique. Mais Pierrette ne militait activement dans aucun de tous ces mouvements. Quand je lui en ai demandé le motif, elle m'a paru très surprise et j'ai vite compris la raison. C'est que, de toute évidence, tous ces bulletins spéciaux captés, tous ces éditoriaux et ces commentaires ingurgités mois après mois avaient dû agir sur son psychisme comme une sorte de drogue stimulante. Un genre de *speed* lui procurant sans cesse l'illusion d'être réellement politisée, active et engagée dans son milieu...

L'information quotidienne est une arme à deux tranchants et Pierrette n'est pas la seule sur qui ses procédés cumulatifs de bombardement constant finissent par produire des effets tout à fait opposés à ceux que l'on serait porté à rechercher au départ. Ivan Illich dirait même que l'information a atteint chez nous le seuil de la contre-productivité. Les gens en effet s'émeuvent à tout coup si *Allô Police* leur raconte qu'*un* enfant, le petit Anatole Lalumière de la rue Vitré, a été mangé par la souffleuse à neige. Mais parvenu aux chiffres abstraits des milliers de Biafrais ou des milliers de Saraouis morts de faim, la compassion les déserte aussitôt: trop, c'est trop! Même phénomène pour les grèves: on serait porté à s'imaginer peut-être que le fait de rapporter quotidiennement et fidèlement tous les innombrables conflits de travail qui déferlent sur notre société relève de la meilleure et de la plus souhaitable des informations syndicales? Erreur, erreur... Depuis que l'information a été consacrée «spectacle» de par son insertion entre un téléroman et un film de cow-boy, elle est vouée à suivre elle aussi les lois du spectacle: offrir de la variété ou assommer les gens. Que diriez-vous, à la fin, d'un *show* de variétés qui présenterait continuellement Michèle Richard, Fernand Gignac et Pierre Lalonde? Les «spectateurs» finissent hélas par se lasser de la même manière du «programme» qui leur a été présenté jour après jour par Pepin, Laberge et Charbonneau, toujours aussi fâchés que le jour d'avant... «Je ne veux plus rien savoir...» disent-ils en tournant le bouton.

L'information toute seule est donc une arme équivoque et mal connue déposée entre les mains de ceux qui la manipulent par métier. Et certains de ses effets inattendus se produisent même sans l'intervention de sombres «complots», «d'infiltrations», ou de «mainmise» diaboliques. McLuhan écrivait, il y a de cela bien des années, au sujet de l'avènement de la télévision, que le «médium» porteur du «message» était appelé à produire sur notre civilisation des effets bien plus considérables que le «message» lui-même. Voilà pourquoi j'aimerais voir Pierrette plus critique et plus sélective à son égard. L'information devrait nous rendre plus libres, plus démocratiques, plus entreprenants. Chez trop d'entre nous elle est devenue un nouvel oracle sacralisé au service duquel s'affairent les animateurs de lignes ouvertes tranformés en nouveaux grands-prêtres et en pontifes modernes. Quant aux fidèles-auditeurs, ils assistent au cérémonial dans la passivité la plus complète...

«C'est marqué su'l'journal»... chante Pauline Julien. Et puis après? Qu'est-ce que ça change si mon amie Pierrette doit s'endormir sur ses bigoudis pendant le téléjournal du soir, sans projets précis pour que demain soit un jour différent et meilleur que les jours d'avant?

OBÉLIX RÉCUPÉRÉ

Dans *Obélix et Compagnie* (le dernier des *Astérix)* les Romains, découragés par leurs insuccès répétés à vaincre la résistance gauloise, décident subitement de changer de tactique. Ils en ont assez des baffes d'Astérix et Obélix. Au lieu de s'attaquer par la force brutale au petit village, rendu de toute façon inexpugnable grâce à la potion magique du druide Panoramix, les Romains mettent au point une stratégie savante pour *récupérer* par la ruse leur ennemi le plus costaud : Obélix.

Dans la suite de cette saisissante étude sur les rouages subtils du *marketing,* Obélix est progressivement amené à produire de plus en plus de menhirs ; il devient peu à peu esclave de l'inévitable loi de l'offre et de la demande ; il doit engager du personnel, participer à des campagnes de promotion et de mise en marché, à des déjeuners d'affaires. Bref, d'homme libre et de bon vivant, de fier-à-bras et de ripailleur, notre Obélix est progressivement *récupéré* et désarmé par le «système» capitaliste, tant il est vrai que les Romains étaient, nous l'avons appris à l'école, les Américains de l'Antiquité.

Le système économique où nous vivons est celui-là même qui a inspiré Uderzo et Goscinny. C'est à l'observer que ces auteurs ont mis au point cette présentation humoristique de la vieille technique éprouvée de la *récupération. Récupérer,* c'est-à-dire absorber, digérer et s'incorporer une réalité ennemie ou contestataire au point de lui enlever, en cours de processus, toutes ses griffes et tout son mordant.

Dès lors, le pouvoir cesse d'attaquer ouvertement cette réalité menaçante ; le «pouvoir» peut se donner de grands airs de libéralisme en autorisant la diffusion de rééditions désormais inoffensives et expurgées de cette même réalité. Or rien n'est plus cruel et irritant que ce sournois procédé de récupération lorsqu'on le démasque dans la publicité.

C'est à l'époque où les mouvements extrémistes noirs terrorisaient certains quartiers de New York et que les Black Panthers faisaient trembler les majorités blanches des États-Unis que les grands magazines de mode américains se mirent à présenter des mannequins noirs qui ressemblaient toutes à Angela Davis. Tandis que les leaders aux coiffures «afro» croupissaient dans les prisons des pauvres, la publicité exhibait leurs copies conformes parées des créations luxueuses de grands couturiers... Rassurant...

C'est le lendemain du jour où la garde nationale américaine avait fait feu sur les étudiants en révolte de certain campus universitaire qu'une firme connue de *blue jeans* choisit de lancer une vaste campagne de promotion dont le slogan n'était nul autre que: «Le jeans idéal pour aller à la manifestation!»... Sinistre...

Au Québec, les spécialistes de la publicité ne mirent guère de temps à *récupérer* de la même façon le nationalisme québécois. Et ce fut désormais sous les traits débonnaires d'un vieil amateur de bière légèrement gâteux que Tex Lecor nous invita un jour à être Québécois et «fiers de notre choix»... Grotesque et affligeant...

Tout ce qui est menaçant pour le système économique actuel est susceptible d'être tôt ou tard *récupéré* de la sorte par le biais de ses plus chers symboles: mouvements de libération raciale ou nationale, contestations étudiantes, associations de consommateurs, fronts syndicaux, etc.

Les mouvements de libération des femmes n'y échappent pas: il a suffi, il y a quelques années, que des manifestantes à la recherche d'une symbolique puissante se mettent à brûler un beau matin leurs soutiens-gorge pour que, depuis, toutes les marques de soutiens-gorge se soient mises à promettre à leur clientèle un galbe parfait sous l'apparence du nu le plus parfait... Imbattable: je garde le symbole, mais je laisse le «message» à la porte!

Beaucoup de féministes astucieuses, dont Benoîte Groult, l'auteur d'*Ainsi soit-elle* (relire le chapitre: «Les portiers de la nuit») ont flairé très tôt le procédé. Normande Juneau en a parlé au moment de la sortie d'*His-* 39 *toire d'O.* La *récupération* menace aussi la libération des femmes, surtout par le biais de sa révolution sexuelle. Voyez les annonces de cinéma : la liberté sexuelle que prêchent désormais ces «publicités audacieuses» n'est autre que celle de l'hétaïre en chef dans un harem : c'est un pacha discret qui en reste le seul définisseur, c'est lui qui tire les ficelles et qui empoche les bénéfices, ensuite.

Une femme profondément libérée de ses peurs et de ses mythes, une femme autonome riche d'une vie personnelle et d'un réseau humain chaleureux serait la pire des consommatrices ! Elle n'achèterait plus qu'en fonction de ses besoins réels et cesserait aussitôt de faire tourner complaisamment la roue du commerce. Elle ne confierait plus le bonheur de son couple à un rince-bouche, son charme à un parfum musqué, sa joie de vivre à une paire de draps fleuris, sa sécurité à un désodorisant et son goût de créer à l'achat d'une nouvelle moquette. Cette nouvelle femme-là est terriblement menaçante : si j'étais un «grand» du système, j'essaierais par toutes les ruses de la *récupérer.* Comme dans *Obélix et Compagnie.*

L'INCROYANT POLITIQUE

L'homme de droite, autrement dit le réactionnaire, est foncièrement misanthrope. Sa vision de la nature humaine est à la fois pessimiste et élitiste.

Pessimiste, il voit germer dès l'enfance la dissimulation, l'égoïsme, la paresse et le vandalisme, caractéristiques d'une jeunesse délinquante. Ces vices, à ses yeux, prolifèrent aujourd'hui, particulièrement à cause de l'irresponsabilité de femmes exaltées qui, selon lui, délaissent trop souvent leur rôle sacré d'épouse et de mère pour la recherche de la notoriété ou de l'indépendance. Quant aux hommes, ils ont à ce point perdu de nos jours le sens de leurs devoirs civiques et religieux que seuls les rudes procédés de la loi et de l'ordre peuvent les ramener malgré eux dans le droit chemin afin d'enrayer, s'il en est encore temps, la décadence de la société tout entière...

Élitiste, l'homme de droite ne croit pas non plus aux vertus de la discussion et de la concertation populaires. Pour lui, l'idéal démocratique demeurera toujours un mythe dangereux : seuls quelques esprits sages et éclairés pouvant prétendre, en cette vie, à la mission de guider les populations ignares et superficielles dans les sentiers austères de l'ordre social. Le syndicalisme, les comités de citoyens, les mouvements étudiants avec leurs cortèges de grèves, de manifestations et de discours irrévérencieux envers l'autorité, illustrent bien, pense-t-il, la confusion et le chaos qui attendent les rêveurs de l'égalité. Les masses frivoles, croit l'homme de droite, ont toujours eu intérêt, au contraire, à confier leur sécurité et leur bonheur à quelque homme fort, à la poigne énergique et sans défaillance.

Ce rêve lancinant du «père politique» aimant, mais intraitable en présence des «déviations» dangereuses de ses infantiles commettants, n'a cessé, au cours de l'histoire, de hanter l'homme de droite. Géant, ce «père poli- 41 tique» s'incarnera tour à tour chez Hitler, Mussolini, Franco ou Pinochet. Avorton, le «père politique» se contentera modestement de se nommer chez nous Caouette, Wagner, Yvon Dupuis ou Jean Drapeau...

Cet autoritarisme arbitraire et expéditif ne prolifère pas cependant en terres exclusivement capitalistes. À l'extrême gauche également, l'idéologie marxiste devenue folle en est venue à maintes reprises au cours de l'histoire à mépriser elle aussi le lent et indispensable processus de la libre maturation politique des peuples. Les purges sanglantes du stalinisme, telles que dénoncées par l'écrivain Soljenitsyne, l'écrasement brutal et injustifié du printemps de Prague, procèdent eux aussi de la même insécurité et de la même impatience sauvage des dirigeants totalitaires, confrontés avec la libre et inquiétante germination des volontés populaires.

Insécurité et impatience: voilà évoqué le terreau psychologique d'élection de la pensée réactionnaire! Insécurité des policiers devant la montée du crime, impatience affolée devant le long ensemencement de la réhabilitation... Nous voilà en quelques années ramenés à la tentation séculaire et bornée de la peine-de-mort-panacée-universelle. Car l'éducation de la liberté et, pis encore, sa rééducation, terrorisent d'avance l'homme de droite. Dans un climat d'instabilité, exacerbé par l'inflation, le chômage et les désordres sociaux, sa réaction naturelle ne sera donc pas de s'attabler froidement, crayon en main, pour mieux remonter aux causes profondes de ces phénomènes. Sa réaction viscérale sera au contraire de chercher fébrilement, autour de lui, cette main de fer ou ce procédé draconien auxquels il prêtera volontiers le pouvoir quasi magique de faire retourner au néant tous les cauchemars conjugués de la vie moderne... Quant à la peur et à la fébrilité qui l'habitent au cours de cette démarche émotive, elles l'empêchent de voir qu'au passage il risque de fouler aux pieds, une à une, toutes ces «fines fleurs de la civilisation» que nous appelons: libertés civiles, liberté d'association, de syndicalisation, liberté de parole, liberté de presse, droit de vote, droit à un procès juste, à la sécurité d'emploi, etc.

42

Certaines nations, qu'il convient de saluer très bas au passage, possèdent à un très haut niveau de conscience le souci de préservation de ces valeurs, conquises jadis de haute lutte au cours de durs et nécessaires bouleversements sociaux. Telle cette petite Hollande qui, la première, désavouait il y a quelques années cinq exécutions féroces du régime franquiste dans un geste merveilleux de spontanéité! Avant de commencer son exposé, le météorologue du feuilleton télévisé des Pays-Bas raya péremptoirement l'Espagne de la carte d'Europe d'une grosse tache de crayon feutre; alors seulement, il se mit à annoncer aux téléspectateurs les précipitations et les ensoleillements prévus dans le ciel des démocraties européennes... «J'étais sûr de traduire le sentiment général de mes compatriotes», expliquera plus tard ce simple citoyen inspiré... La petite Hollande des tulipes et des moulins à vent témoignait de la liberté à la face du monde, quand le Canada et les U.S.A. se taisaient honteusement, pour ne point gêner la reconduction des accords concernant les bases militaires américaines en Espagne...

La sauvegarde des libertés indispensables à la civilisation exige cette renonciation difficile à toute forme de contrainte expéditive, de violence et d'oppression. Renonciation parfois héroïque qu'exigera toujours cette foi optimiste dans l'Homme, dans les ressources de son jugement et l'exercice de son libre choix. Parier pour «le meilleur» de l'Homme comportera toujours des risques. Ces criminologues qui réclament des prisons sans barreaux pour les délinquants d'occasion, ces Londoniens qui refusent toujours d'armer leurs légendaires gardiens de la paix, ces Chiliens du régime Salvador Allende qui ne craignaient pas de nommer de simples paysannes dans les comités chargés de réaliser leur réforme agraire; tous ces hommes et toutes ces femmes manifestent cette paisible foi dans l'Homme qui est le signe irrécusable du véritable esprit démocratique. Voilà pourquoi ils n'ont jamais cru nécessaire de charger cet Homme de chaînes, sous prétexte de le faire avancer.

LES GUÊPES DE DOMINIQUE

Lorsque j'étais enfant, la toiture de notre maison avait été infestée par des guêpes qui avaient élu domicile entre les chevrons apparents du larmier. Mon père, recouvert d'une étonnante housse de moustiquaire, avait expérimenté en vain contre leurs nids diverses fumigations insecticides. De guerre lasse, il décida un beau matin de les incendier à l'aide d'une torche à brûler la peinture. Le procédé s'avéra on ne peut plus efficace contre les indésirables et leurs nids, mais mon père mit du même coup feu à la toiture et il fallut tous les efforts des voisins réunis pour empêcher la maison entière d'y passer.

J'ai beaucoup songé à la torche à brûler la peinture, ces derniers mois, en suivant jour après jour les révélations, les aveux, puis les dénégations suivies de rétractations et d'affirmations contradictoires concernant les agissements clandestins de la Gendarmerie royale contre le «terrorisme appréhendé» au Canada. J'y ai surtout songé lorsqu'une lectrice dont l'engagement pour les meilleures causes ne fait aucun doute m'eut assurée que non seulement les perquisitions sans mandat, les vols d'archives de partis politiques reconnus, les violations de courrier postal ou de dossiers médicaux confidentiels n'effarouchaient pas les militantes de sa région, mais qu'au contraire, ces dernières y voyaient la preuve réconfortante «qu'on veillait sur elles» et qu'on les protégeait secrètement, mais efficacement contre une recrudescence possible de la violence.

Certes, comme pour mes guêpes, on peut dire que, depuis '70, le terrorisme politique a été, soit éradiqué complètement, soit abandonné par ses protagonistes eux-mêmes comme moyen d'action. Mais la torche à brûler la peinture (celle qui nous a valu la Loi des mesures de guerre en octobre '70) n'a pas été abandonnée pour autant comme moyen draconien de le contrôler. Avec le risque, comme certains citoyens le redoutent *from coast to coast* de voir un jour flamber la vie démocratique au Canada. Il suffit d'en causer deux ou trois minutes avec un réfugié soviétique, chilien ou brésilien pour voir aussitôt leurs cheveux se dresser sur la tête à l'évocation de tels procédés.

En effet, dans ces pays où règnent aujourd'hui des dictatures inhumaines de gauche ou de droite, la démocratie s'est effritée tout doucement, comme cela, par petites effractions «anodines» sans mandat, par viols circonstanciés de domicile, de courrier ou de dossiers médicaux, sous des prétextes à première vue assez valables: arrêter par exemple le vandalisme ou les vols de banque. Puis on en est insensiblement venu à «surveiller» aussi les manifestations étudiantes ou syndicales, les cercles d'intellectuels, les associations de consommateurs, les partis politiques d'opposition. Un beau jour, ces pays se sont retrouvés confrontés à une force «sauvage» implantée au cœur de leur État et sur laquelle les élus du peuple n'exerçaient plus aucun contrôle démocratique: une police autonome et toute-puissante ne répondant plus à un pouvoir judiciaire indépendant du pouvoir politique, mais constituant la force de frappe de l'armée ou du gouvernement en place. Parvenus à ce stade de dégradation démocratique, ces pays totalitaires recourent tous unanimement au même procédé: ils évoquent d'une seule voix froide et monocorde la «sécurité de l'État» pour emprisonner leurs opposants politiques. C'est au nom de la «sécurité de l'État» et de «l'infiltration capitaliste» que les Soviétiques enferment aujourd'hui leurs dissidents et leurs intellectuels dans des asiles psychiatriques. C'est au nom de la «sécurité de l'État» et du «péril rouge» que les policiers masqués de l'Escadron de la mort, au Brésil, enlèvent et exécutent sommairement dans des lieux déserts de simples citoyens dont le seul crime est souvent d'avoir, à cause de leurs cheveux longs, «une sale tête de socialiste». Pourtant, il y a quinze ans, le Brésil était encore un pays où régnaient les libertés démocratiques...

Il ne faut pas minimiser ce qui se passe chez nous en ce moment. En 1970, le chef du Nouveau Parti Démocratique d'alors, M. David Lewis, était personnellement venu manifester au Québec son opposition à la Loi des mesures de guerre. Non pas, loin de là, que M. Lewis ait été lui-même un «séparatiste» et un sympathisant du F.L.Q.! Mais bien parce que, tout fédéraliste et non violent qu'il était, il se rendait bien compte que la Loi des mesures de guerre, sous prétexte d'arrêter une poignée de terroristes, était en train de s'attaquer à discréditer un parti politique démocratique et reconnu: le Parti Québécois. Et comme le démocrate intelligent qu'était M. Lewis voyait plus loin que le bout de son nez, il imaginait bien que si on «laissait passer» un tel procédé sans le dénoncer, dans un mois ou dans un an, ce serait son propre parti qu'on pourrait bien, de la même manière, se mettre à pourchasser sous prétexte de «combattre les communistes»...

Les militantes de ma région, sur le coup, se sont peut-être senties rassurées de voir qu'on les «protégeait contre les felquistes». Elles feraient bien de regarder de plus près les procédés qu'on utilise pour le faire. Car si, demain, c'était contre leurs grands enfants en mal de militantisme étudiant, contre leurs maris grévistes, contre leurs cousins péquistes que ces moyens illégaux allaient se retourner?

Si le terrorisme est disparu au Québec, n'en déplaise au zèle de la G.R.C., c'est peut-être davantage parce que l'option constitutionnelle qu'il défendait, avec les moyens maladroits du désespoir, occupe aujourd'hui une plateforme légale qui rend inutile le recours suicidaire à la violence. J'en reviens à la torche à peinture de Dominique: je crois qu'en bonne démocratie, il vaut mieux endurer temporairement deux ou trois guêpes agaçantes, fussent-elles marxistes ou maoïstes, que de courir le risque de mettre le feu à toute la maison et de tous nous retrouver un jour sans abri ni protection contre l'État policier.

«JE NE M'OCCUPE PAS DE POLITIQUE!...»

J'ai une amie cancalaise qui est par conséquent bretonne véritable. Cancale est un important port de pêche situé vraisemblablement à quelques kilomètres du petit village des irréductibles Gaulois d'Astérix. Mon amie me racontait donc que, tout au long de sa valeureuse histoire, la Bretagne avait été l'objet de débarquements et de razzias périodiques de la part des Anglais.

Les chers ennemis s'amenèrent donc un beau matin devant Cancale, décidés à y lever un important butin. Les Cancalais, en effet, étaient à cette époque de l'année presque tous occupés à pêcher la morue sur les lointains bancs de Terre-Neuve. C'était compter sans les Cancalaises qui sont, vu leur destin, de maîtresses femmes et d'authentiques filles de la mer: d'une créature enceinte, ne disent-elles pas d'un ton empreint de gravité professionnelle, qu'elle «a vent arrière dans son tablier»?

Rassemblées donc en masse sur la jetée, les Cancalaises armées de leurs longs coutelas à fileter le poisson et de lourds barils de harengs salés firent à la flotille anglaise un accueil si dépourvu d'aménité que l'ennemi gluant, poisseux et ruisselant de saumure malodorante s'en retourna épouvanté vers la fière Albion: «Si telles sont les femmes de ce pays, nous ne voulons pour rien au monde avoir affaire à leurs maris!»

Combien me plaisent ces résistantes en coiffes tuyautées qui savaient s'occuper énergiquement de leurs affaires, gérer et protéger le patrimoine communautaire sans en quémander l'autorisation à Pierre-Jean-Jacques. Et combien nombreux, tout le long de mon Saint-Laurent d'origine, sont les ministres, députés et technocrates qui auraient mérité cent fois, au cours de notre histoire, que mes sœurs québécoises les accueillissent armées de crocs à décharger la «pitoune», sous une bonne volée de crabes et de maquereaux longuement marinés dans l'irritation du peuple!

Mais la politique, disent trop de gens de chez nous, «c'est pourri d'avance» ... «bleus ou rouges, tous pareils» ... «c'est à chacun son tour de se remplir les poches» ... «je ne donne pas deux ans de pouvoir à l'opposition pour devenir aussi croche que les autres»... etc. Voilà ce qu'on entend trop souvent dire au pays du Québec où, de régime français en régime anglais, nous risquons tous de passer un jour, à la faveur de cette apathie et de cette désespérance populaires, au régime américain de la «pepsification» généralisée...

J'en prends à témoin ces termes grinçants de «politisation» ou de «politisé». Des mots pour nous abstraits qui évoquent des types du genre casse-pieds, forts en gueule et fauteurs de troubles. Les directeurs d'école se méfient de leurs rares étudiants «politisés», les parents ont peur de voir leurs enfants tomber sur un professeur «politisé», Monseigneur Untel fait des mises en garde fréquentes contre les excès possibles des chrétiens «politisés». Une espèce de phobie collective de voir les gens accéder à un stade de conscience pourtant normal et nécessaire pour tant de citoyens vivant en régime démocratique.

La «dépolitisation», puisqu'il faut enfourcher le vocabulaire à la mode, c'est le désespoir. Désespoir de réussir un jour à prendre en main efficacement ses propres affaires, celles de sa rue, de son village, de son école, de sa coopérative, de son usine, de son université, de son journal, de son comté, de son pays. Cet abandon passif en des mains crapuleuses ou étrangères des rênes d'un pouvoir qui appartient au peuple souverain. Ainsi a trop perduré autrefois chez nous, dans la résignation, les dérivatifs de la TV, de l'alcool ou du «pot», l'accession répétitive au pouvoir de petites élites locales sans envergure morale ni réelle investiture populaire. Petits notables en mal de sinécures, commerçants, avocats ou médecins ayant tâté au préalable de l'échevinage, de la mairie ou de la commission scolaire et supputant, à leurs réunions de Club Richelieu ou de Chevaliers de Colomb, leurs meilleures chances de briguer une candidature de comté...

Dans les milieux ruraux, le scénario était devenu si familier aux électeurs désabusés qu'ils disaient y voir «monter un député» aussi sûrement qu'on voit venir la prochaine marée!

Pourtant, un peu partout au Québec, la colère gronde et des groupes s'organisent qui ignorent cependant tout du mot «politisation». Mais qui n'entendent toutefois pas se laisser plumer sans mot dire par un pouvoir distant qui réduit toutes les aspirations humaines d'une communauté à l'argument massue de «l'économique» ou de la «planification». Ce sont, entre bien d'autres, les ouvriers de la Regent Knitting, les expropriés de Sainte-Scholastique et de Forillon, les délogés de la rue Saint-Norbert, des parents francophones regroupés pour empêcher la fermeture de leur école, des agriculteurs en colère qui menacent d'inonder du lait invendu de leurs vaches les gradins de la Chambre des Communes.

Ces groupes distillent une grande force de «politisation», car le drame qui frappe leur communauté par le biais de telle décision gouvernementale les atteint aux tripes. Souvent, des ondes fraternelles se mettent à voyager d'un lieu de conflit à l'autre et des groupes, géographiquement fort éloignés, décident soudainement de mettre en commun leurs diagnostics ou leurs stratégies. À Forillon, par exemple, après s'être laissé déraciner de leurs rivages et de leurs potagers natals pour être repiqués comme des papillons captifs dans des HLM urbains, les expropriés ont fait appel à l'expérience de leurs concitoyens de Sainte-Scholastique.

Mais aux franges de la conscience de ces groupes se forme un rêve collectif qui déborde de leurs usines, leurs terres, leurs écoles : un projet politique de société qui rassemblerait sous une même unité de pensée les caractéristiques fraternelles et communautaires qu'ils réclament pour cette usine, cette terre ou cette école. Et là se situe, au service des petits et des «maganés», la mission naturelle d'une véritable pensée politique contestataire. Il faudrait pouvoir mettre au service des jeunes communautés agissantes les outils culturels de pensée et de regroupement indispensables pour leur permettre de nourrir et d'orienter efficacement leur action. Car, pour être féconde à long terme, cette action sporadique devrait déboucher sur la formulation des 49 aspirations profondes que tel objectif à court terme masque momentanément par son caractère d'urgence.

Tous les peuples colonisés, en effet, n'ont pas la chance de pouvoir reconnaître à première vue leur oppresseur à la couleur de sa peau ou à celle du pavillon qui claque au grand mât de ses frégates.

LA RAFRAÎCHISSANTE CONSCIENCE POLITIQUE
DE SIMONE SIGNORET

> Je sais très bien que ce que
> j'appelle «ma conscience»,
> c'est le regard de cinq ou six
> personnes (*La nostalgie n'est
> plus ce qu'elle était*)

Il y a des livres de femmes que l'on referme en se disant qu'après leur lecture rien ne sera plus tout à fait comme avant. Des livres qui libèrent si dynamiquement la pensée qu'on ressent aussitôt après un merveilleux goût de se remettre à l'ouvrage.

On sort ainsi régénérées et formidablement bien dans sa peau après la lecture de *La nostalgie n'est plus ce qu'elle était* de Simone Signoret (aux Éditions du Seuil). Et pourtant, *La nostalgie* est indubitablement un livre politique. Mais la politique revue par le regard neuf d'une femme qui n'est ni une agrégée de sciences po., ni un ministre, ni même une militante de parti. Une femme «ordinaire» (même s'il s'agit d'une grande vedette de cinéma) qui a d'abord axé sa vie sur la réussite de son couple (elle est depuis vingt-sept ans la femme et le premier «fan» du chanteur-acteur Yves Montand) et secondairement sur son métier de comédienne qu'elle exerce avec la joie et le souci d'excellence des vrais artisans.

Il subsiste presque toujours, dans les livres politiques écrits par les hommes, de ces coupures, de ces sous-entendus, de ces raccourcis et de ces abstractions mentales caractéristiques qui empêchent souvent les femmes de cheminer étroitement et fraternellement avec leur auteur. Elles ont souvent l'impression, par exemple, que la vie privée et la vie publique de tel grand témoin sont à ce point scindées et cloisonnées, l'une par rapport à l'autre, qu'il leur serait parfaitement impossible, ancrées comme elles le sont dans la vie quotidienne, d'imaginer un instant s'engager dans une voie semblable.

Ou alors, l'auteur, lui, semble participer à une sorte de haut savoir politique tellement complexe que la lectrice, elle, se sent rapidement exclue en cours de démonstration. Incapable de voir clair comme elle le souhaiterait dans la jungle des idéologies, des tendances, des oppositions, des partis ou des groupuscules, la voilà déçue et désemparée, avec ses questions essentielles pendantes sur les bras. Pourtant, tous ces arbres enchevêtrés ne finissent-ils pas par cacher la forêt? Et la véritable conscience politique n'est-ce pas, en définitive, le simple courage de faire passer le souci de la liberté et de la justice collectives avant le culte mesquin de son moi?

L'engagement politique de Simone Signoret c'est d'abord cela: la réponse spontanée de sa lucidité et de son cœur à ces questions essentielles, simples et simplistes, que les femmes ont toujours voulu poser au monde politique des hommes. Mais parce qu'elle est célèbre et admirée, parce que son compagnon s'appelle Montand, que certains de ses amis s'appellent Jean-Paul Sartre, Costa-Gravas, Vercors, Gérard Philipe, elle peut poser publiquement et à de grands interlocuteurs ces questions saines et directes que les femmes ont toujours eues sur le bout de la langue et qu'elles n'ont pas toujours osé formuler aux hommes: «Pourquoi l'intolérance, pourquoi la violence, pourquoi le pouvoir par la terreur, pourquoi la lâcheté et la cupidité?»

Comme beaucoup d'entre nous, Signoret est plus sensible aux droits de l'homme qu'aux idéologies abstraites. Et plus sensible aux vérités incarnées par des témoins courageux faits de chair et d'os qu'aux idéologies livresques qui ne dérangent ni le petit confort ni la petite gloriole personnelle de ceux qui s'en parent. Demi-juive par son père, la jeune comédienne, Simone Kaminker a vécu l'occupation allemande comme une décisive épreuve de décapage de sa conscience personnelle. Sur la rive droite de la Seine, une entreprise de

52

presse, qui collabore avec l'occupant allemand, lui assure, outre la sécurité matérielle, une protection paternaliste dont elle aurait pourtant grand besoin. Sur la rive gauche de la Seine, au café de Flore, des désœuvrés de génie, des écrivains, des artistes, mais aussi des résistants clandestins vont lui offrir par ailleurs leur amitié chaleureuse et le partage de leur dénuement. À travers eux, elle s'instruit de cette réalité effroyable que recouvrent les slogans bien-pensants de «la loi et de l'ordre» incarnés par l'occupant: les camps d'extermination existent, fonctionnent et des Français collaborent à ce génocide!

Cette leçon apprise durant ses années de jeunesse, de pauvreté et de fol espoir, elle ne la désapprendra pas avec la célébrité. La notoriété que lui donneront ses grands films (*Casque d'or, Les Visiteurs du soir, Les Diaboliques, Room at the Top, Les Sorcières de Salem, La Veuve Couderc),* elle la met au service de toutes ces causes où la justice, la liberté et la démocratie lui semblent injustement brimées ou menacées.

Stigmatisée avec Montand et Gérard Philipe comme communiste pour avoir milité contre l'usage de la bombe atomique dans le Mouvement pour la Paix et défendu les époux Rosenberg durant l'atroce répression anticommuniste du sénateur McCarthy aux U.S.A. dans les années '50, elle n'en ira pas moins, six ans après, parée, dit-elle, de «son plus beau tailleur de chez Hermès et de son vison pastel» protester énergiquement avec Montand auprès de Khrouchtchev contre l'écrasement de Budapest par les chars soviétiques. La vérité, *sa* vérité, elle s'impose d'en témoigner avec une franchise directe qui n'a que faire des petits calculs stratégiques des partis politiques. C'est ce regard simple qu'elle pose avec une acuité dérangeante sur les belles carrières «de gauche» d'un Louis Aragon ou d'un André Malraux. Cette femme-là, en douceur et mine de rien, demande à certains hommes des comptes sérieux sur ce qui pourrait bien être de leur part des petites dérobades élégantes, des soupçons de lâcheté, des rationalisations rassurantes.

Il n'y a pas de «petits genres» en littérature, il n'y a pas de «petits écrivains». Voilà une femme véridique, 53 une grande comédienne qui adore son métier, qui vous parle de l'homme qu'elle aime, de sa fille, de ses amis, des films qu'elle a faits, du plaisir immense qu'elle y a pris, et ce livre aurait pu n'être qu'une divertissante chronique autobiographique. Mais parce qu'entremêlée à ces histoires d'amour et d'amitié, nouée à ces succès ou à ces échecs, veille sans relâche une conscience politique franche et généreuse, cette *Nostalgie* devient un livre exemplaire.

Dès lors, ni la gloire, ni la belle maison d'Auteuil, ni la remise des «Oscars», ni les petites zibelines russes n'empêchent Simone Signoret de nous demeurer ligne après ligne éminemment fraternelle. Nous nous retrouvons si bien dans sa perplexité et son attentisme durant Mai '68 dont elle ne décrypte encore ni le sens profond ni la direction ultime sous l'inflation verbale des slogans... Dans sa communion concrète avec les grévistes de la faim des usines Renault, à chaque fois que la pendule lui rappelle qu'ils jeûnent tandis qu'elle déplie sa serviette. Dans cette solidarité toute simple d'une femme comblée qui se rend disponible pour le plus humble service tout en affirmant péremptoirement que sa propre vie de vedette la disqualifie pour parler au nom de la condition ouvrière.

C'est cette petite flamme intérieure dont nous sommes toutes dépositaires qui a d'abord conduit ce destin attachant. La conscience des autres et celle de la justice, laquelle d'entre nous, quelle que soit sa condition, pourrait prétendre en être totalement démunie à moins de les avoir ignorées ou sciemment étouffées un jour?

LE QUÉBEC SANS SES CURÉS

Vous souvient-il des années '50 et des derniers «beaux jours» du régime Duplessis? Cette époque étouffante où les Anglo-Canadiens parlaient de nous en disant: «*The priest ridden province*»?

En ce temps-là, l'Église québécoise était, en effet, étroitement amalgamée à toutes nos institutions sociales et politiques. Par le biais des structures confessionnelles, ses chefs spirituels croyaient alors vaquer au bien des âmes en imposant à toute la population sa pratique religieuse et sa morale officielle. Notre système scolaire, notre réseau hospitalier, nos syndicats, notre législation matrimoniale, nos services sociaux étaient ainsi gérés par les pouvoirs religieux. Et les Québécois chuchotaient tout bas qu'une ligne téléphonique directe reliait le bureau du Premier ministre à celui de Monseigneur... Cette sorte de bonne entente concordataire entre chefs spirituels et chefs politiques achevait de confondre à tout jamais dans les esprits les torchons et les serviettes. Monseigneur Charbonneau, à l'époque de la célèbre grève de l'amiante, paya cher le parti qu'il crut devoir prendre, au nom de l'Évangile, en faveur des grévistes.

Cette époque lointaine dont on fait aujourd'hui des films et des pièces de théâtre à succès, c'était celle du manifeste *Refus global* où des créateurs, sous l'inspiration du peintre Borduas, criaient leur révolte et leur soif de liberté. C'était aussi celle de la revue *Cité libre* où des militants d'Action catholique, comme Gérard Pelletier, annonçaient dans des textes tels que «Feu l'unanimité» la fin de cet État de chrétienté autoritaire et appelaient l'avènement d'une nouvelle Église plus discrète et respectueuse de la liberté de conscience des citoyens.

Mais au Québec, le mur n'a pas cédé tellement sous les coups de heurtoir répétés de manifestes et de fronts communs; il a plutôt cédé de lui-même sous la poussée irrésistible de la vie et bien au delà des espérances de 55 certains... Ouverte tout à coup sur le monde avec la mort de Duplessis et l'avènement des jeunes turcs de la Révolution tranquille, la vieille société québécoise traditionnelle s'était déjà mise à éclater toute seule et de partout.

L'antenne de télévision supplanta bientôt le clocher du village comme pôle de référence de la vie québécoise. Bientôt Madame X, Frenchie Jarraud et Paul Dupuis remplacèrent le père Lelièvre comme nouveaux directeurs de conscience des masses populaires. Dans tel petit diocèse de campagne, la pratique religieuse passa brusquement, en dix ans, de 65% à 30%. Nous commencions tout juste à ressembler aux autres...

Comme tant d'autres sociétés d'Europe et d'Amérique, en effet, le Québec se «sécularisait» à grandes enjambées. Il cessait de faire de la référence religieuse l'assise de base de ses institutions pour se doter d'organismes modernes, désormais respectueux du pluralisme de sa population. Ces dernières années, par exemple, ont marqué la fin, faute de combattants, des dernières luttes livrées autrefois par le Mouvement laïc de langue française en vue d'obtenir des écoles neutres. Aujourd'hui, ses anciens dirigeants constatent que la confessionnalité scolaire maintenue actuellement (on se demande un peu pourquoi) ne signifie plus rien au niveau de la vie. Dans les faits, les écoles «catholiques» ou «protestantes» sont bel et bien devenues des écoles neutres et l'étrange attachement des comptables du PSBGM (Protestant School Board of Greater Montreal) pour la confessionnalité reste probablement bien davantage inspiré par l'arithmétique du dollar que par la théologie luthérienne...

Le Concile Vatican II a d'ailleurs aidé les chrétiens d'ici à mieux percevoir leur rôle dans une société qu'ils ne dominent désormais plus au niveau des structures, mais au sein de laquelle ils entendent à juste titre demeurer des citoyens aussi actifs que les autres. Désormais affaire de choix personnel, leur référence à l'Évangile alimente certes leurs engagements sociaux ou politiques, mais elle leur commande en même temps de poursuivre ces mêmes engagements en conformité avec le libre choix démocratique de leurs concitoyens. La candidature d'un Jacques Couture à la mairie de Montréal, il y a quelques années, illustre bien ce nouveau type de présence qui ne s'appuie plus désormais sur l'autorité morale ou le prestige institutionnel d'une Église ou d'un ordre religieux, mais sur un mandat populaire librement et largement exprimé.

Désamorcé dans les faits par le cours même de la vie, l'anticléricalisme nécessaire des années '60 permet aujourd'hui aux Québécois de toutes allégeances d'inaugurer ensemble un nouveau type de réflexion sur le futur contrat social constitutionnel ou moral qui doit désormais les rassembler tous sous une plus large unité... Car si on ne demande plus désormais aux encycliques des papes de déterminer à notre place le type de rapports qu'on entend établir entre les groupes sociaux et les citoyens, ou pour définir le type de moralité publique que l'on attend de nos institutions, il faut sans plus tarder nous redonner une nouvelle échelle de valeurs collectives susceptible de fonder à nouveau la culture québécoise.

Et ce faisant, entre autres choses, sans doute comme l'ont toujours fait les vieilles civilisations d'Europe, aurons-nous la surprise de redécouvrir ensemble la richesse commune d'un héritage culturel chrétien beaucoup plus vaste et qui relie par ses racines souterraines nos petites églises de l'île d'Orléans aux grandes cathédrales de France, les écrits mystiques de Marie de l'Incarnation à ceux de sainte Thérèse d'Avila. Voilà pourquoi les militants du mouvement Sauvons Montréal ont livré bataille pour que soient préservés l'église Saint-Jacques et l'ancien couvent des Sœurs Grises. Non par souci de dévotion personnelle sans doute, mais plus largement parce que nous savons désormais une chose capitale: au delà d'une signification religieuse relevant de l'adhésion personnelle, ces lieux et cet héritage spirituel constituent pour nous tous des pièces uniques d'un patrimoine culturel original dans toute l'Amérique du Nord.

Car quelles que soient nos futures options religieuses, il nous faudra bien, en culture québécoise, continuer de nous référer à la Bible et à la geste ample et colorée des saints pour comprendre les tableaux de nos primitifs et les sculptures de nos beaux temples 57 centenaires. En ce temps-là, les chrétiens, allégés de l'obligation d'avoir à assumer tout seuls la garde du «musée» national, pourront retrousser leurs manches et s'attaquer avec les autres à l'avenir incertain mais combien passionnant de leur collectivité.

VIVRE EN VILLE

Lors d'un colloque de la revue *Critère* organisé à l'Hôtel Méridien de Montréal sur le thème de la vie urbaine, un participant étranger, grand ami du Québec par surcroît, faisait remarquer à ses interlocuteurs québécois qu'ils lui semblaient nager en plein paradoxe. D'une part, semble-t-il, nous optons chaque année plus nombreux et plus déterminés pour la vie urbaine. Mais d'autre part, nous ne cessons de produire chaque année avec un égal bonheur, des écrivains, des chansonniers et des poètes qui célèbrent à peu près exclusivement... la campagne et la forêt... Notre tête et notre cœur n'auraient-ils pas besoin de se réconcilier en la matière?

Notre invité poursuivait ses observations en soulignant qu'un grand nombre de participants à ce colloque utilisaient volontiers un vocabulaire et des références «campagnardes» lorsqu'ils tentaient de décrire telles politiques de développement urbain ou tel train de réformes municipales qui leur semblaient le mieux appropriées à assurer à la ville un milieu de vie «plus sain et plus humain». Les préoccupations écologiques, sociales et communautaires ont-elles, chez nous, un avenir propre en milieu urbain? Et si nous, citoyens, devenons de plus en plus fréquemment agressés par le stress, la pollution, le trafic, le bruit industriel, la montée de la violence ou du vandalisme, le viol du patrimoine et la destruction du tissu social de nos villes, avons-nous d'autres solutions à proposer que le retour à la terre ou une réédition rétro du village québécois au cœur de la métropole?

Certes, l'éternel quiproquo de valeurs entre le citadin et le paysan n'est pas propre au Québec: notre père Gédéon national faisant irruption chez ses neveux de la ville avec son «capot de chat» et sa gouaille truculente est le cousin direct du sagace Breton en sabots en train de mettre tranquillement en boîte le titi parisien au volant de sa Ferrari... Mais il y a plus...

Au Québec, culturellement, la ville a longtemps été perçue comme une réalité étrangère et hostile. L'historien Michel Brunet a décrit à maintes reprises la ténacité et la puissance du «mythe de l'agriculturisme» dans l'idéologie québécoise du XIXe et du début du XXe siècles. Ténacité héroïque, mais à tout le moins déconcertante, lorsque l'on songe au curé Labelle et à son interminable cohorte de colons entraînés par une même mystique vers les «terres de roches» des Laurentides où les conduisait une même conviction : les valeurs et les «vertus de la race» n'avaient pas leur place à la ville. Mieux valait donc se nourrir sa vie durant de galette de sarrazin et de mélasse en étant «seul maître sur ses terres» que de ployer, bien nourri, dans les usines de la ville sous la domination d'un «maître étranger».

Certes le contexte historique expliquait, sinon justifiait généralement pareille façon de lire à l'époque notre réalité socio-économique. L'industrialisation de la société québécoise s'est évidemment effectuée en l'absence à peu près complète du pouvoir économique des francophones, alors quasi inexistant. Après la Conquête, nos élites traditionnelles, issues de la paysannerie, avaient dû se contenter de quelques petites enclaves de pouvoir bien circonscrites aux professions libérales et à la politique provinciale. Nous avons donc longtemps produit nos propres médecins, nos avocats, nos notaires, nos professeurs, nos fonctionnaires et nos députés mais, en revanche, très peu de grands chefs d'entreprise et de «développeurs» urbains.

Cette absence chronique des nôtres au niveau du développement de nos villes a eu des conséquences que nous commençons à mesurer avec effroi aujourd'hui. Relisez dans *L'Actualité* le reportage consacré aux capitaux étrangers investis dans la construction du centre-ville de Montréal : la photo centrale nous fait voir une forêt de gratte-ciel battant pavillon américain, britannique, allemand, belge, italien, français et même liechtensteinois... parmi lesquels émerge timidement le petit fleurdelysé du complexe Desjardins.

En contexte de libéralisme économique absolu, cet état de fait comporte des conséquences d'une gravité d'autant plus alarmante que cette situation devient progressivement aussi le lot d'un grand nombre de petites villes du Québec: leur urbanisation et leur développement sont souvent dirigés par des promoteurs aussi lointains et indifférents qu'anonymes.

Un beau matin, par exemple, débarquera à Mirabel l'obscur fondé de pouvoir d'une quelconque firme arabe ou japonaise qui, en quelques heures, aura tôt fait d'acheter, à la porte de notre petite ville, des millions de dollars de terres arables qui seront converties rapidement en un centre d'achats champignon, ou quelques pâtés de maisons historiques au cœur du quartier le plus vivant de la cité, pour en faire une sombre tour à bureaux désertés après les heures de travail.

Nous ne pouvons plus nous contenter de regrets et de nostalgies folkloriques devant le visage anarchique et implacable de ce qu'on nous présente comme «le progrès» et ses «inévitables conséquences». Il existe une véritable écologie urbaine, il existe une conception moderne de la vie citadine axée sur les besoins et les droits des citoyens: il faut la redécouvrir, la publiciser et lui donner des dents. Il ne s'agit plus seulement de «s'objecter» à une érection de tour ou à une transformation de pâté de logis familiaux en terrain de stationnement. Il faut remettre l'imagination au pouvoir et présenter, plans en main, des solutions de rechange précises, axées sur nos valeurs propres et soutenues par des actions collectives.

Il y a de par le monde quelques modèles heureux de villes «écologiques»: les nommer serait trop long. Mais qu'il suffise de souligner que celles-là ont toutes été conçues ou transformées à partir de choix politiques et sociaux bien concrets: une ville appartient d'abord aux citoyens et non à la petite oligarchie des «développeurs» qui atterrissent un temps pour y faire leur dollar sans jamais y résider et qui iront fatalement investir ailleurs dès qu'ils sentiront se tarir la vache à lait trop docile.

Nous avons trop longtemps boudé la politique municipale. La ville que nous détestons, c'est celle que les 61 pouvoirs d'argent nous ont toujours imposée. Mais nous pouvons sûrement réapprendre à aimer une ville à notre image et conçue pour nos besoins. Le trip rétro, c'est la démission : ceux qui lancent les modes le savent bien...

SOCIALISME ET SOCIAL-DÉMOCRATIE

On a réussi à dégonfler un certain nombre de gros ballons politiques au Québec depuis quinze ans. Et c'est fort heureux pour notre santé mentale. Le plus résistant de ces ballons c'est celui, mythifié, de la *libre entreprise*... «Quel pays merveilleux pour les libertés individuelles, clament, en effet, les orateurs des Chambres de commerce. Chez nous, contrairement aux pays socialistes, n'importe quel citoyen possède le droit inaliénable d'ouvrir sa propre usine demain matin s'il le veut!...» «Mon œil», commencent toutefois à penser de plus en plus de Québécois effondrés devant le téléviseur couleur financé chez Dream-O-credit, après une grosse journée d'ouvrage au salaire minimum.

Oui, mon œil pour la liberté des agneaux lâchés dans une réserve de loups! Car les gros loups du capital, les grands financiers internationaux, les magnats de l'acier, de la viande ou du vêtement, se nomment rarement Tremblay, Charette ou Latraverse. À moins, bien sûr, que la grosse entreprise étrangère n'ait eu l'astucieuse idée de retenir les services d'un prête-nom complaisant et autochtone pour se parer de plus de couleur locale.

Dans une province comme la nôtre, où le développement s'est visiblement effectué jusqu'ici à la va-comme-je-te-pousse et au gré des appétits voraces des investisseurs étrangers, plutôt qu'en vue de la prospérité collective, on commence heureusement à se poser les vraies questions. Par exemple des questions concernant les coupes à blanc systématiques auxquelles procèdent les grandes compagnies forestières. Après avoir ravagé écologiquement le patrimoine des Québécois, celles-ci laissent en effet derrière elles, en se retirant pour aller capitaliser ailleurs, des rivières gaspillées par l'érosion, des kilomètres de désert et des populations réduites au chômage dans une région désormais privée de richesses naturelles et d'avenir. Devant le comportement arrogant de la 63 sacro-sainte «libre entreprise», de plus en plus de Québécois commencent donc à comprendre pourquoi les colporteurs de slogans et les fabricants de mythes ont longtemps fait ici du *socialisme* un épouvantail pour les bonnes gens... Dame, il le fallait bien!

Longtemps en effet, deux tactiques d'intimidation servaient de scénario à la moindre velléité de sursaut de dignité collective de notre part. La première tactique, mise au point par feu Maurice Duplessis et mille fois réutilisée ensuite par les droites de tout acabit, consistait à brandir régulièrement le spectre des répressions et des purges staliniennes du régime soviétique au point d'amener la populace à considérer I.T.T. National South Wire ou Iron Ore comme les anges tutélaires de nos libertés individuelles.

Un peu grossière aux entournures, et de moins en moins efficace depuis que les nouveaux Québécois apprenaient dans les Cegeps à distinguer Karl Marx de Frankenstein, la seconde tactique, plus raffinée celle-là, consistait à établir dans les esprits un réflexe d'équation absolue entre le *socialisme* et la *bureaucratisation*. Or beaucoup de Québécois, échaudés par certaines retombées détestables de la réforme de l'éducation ou de l'instauration de l'assurance-maladie, demeurent encore très sensibles à ce genre d'argument.

Le modèle soviétique, en effet, a longtemps servi d'unique référence à l'idée que nous nous faisions du socialisme. D'abord parce qu'il fut historiquement le premier à être réalisé à la grandeur du territoire d'un pays, et ensuite parce que le style particulier adopté par ses dirigeants devait par la suite devenir, par le déploiement du rideau de fer, normatif pour toutes les petites républiques satellisées par Moscou. Depuis, cependant, l'histoire nous a fait connaître les démêlés avec Moscou d'un Tito en Yougoslavie, d'un Dubček en Tchécoslovaquie, mais surtout d'un autre géant fort original, Mao Tsê-Tung en Chine. De ces démêlés, nous avons appris qu'il y a, selon les cultures, les géographies et les économies propres d'un pays, bien des façons de concevoir l'application de cette fameuse idée de *socialisme*.

Tous les socialismes «pur-sang», tels ceux que nous venons d'énumérer, sont en effet reconnaissables à ce signe distinctif qu'ils prônent tous *la collectivisation de tous les moyens de production:* ressources naturelles, sol arable, industries, commerces, etc. Lorsqu'un type de socialisme choisit de mitiger ce principe absolu en sauvegardant à la propriété privée certains secteurs réservés de la production, les socialistes «pur-sang» disent alors de lui qu'il fait plutôt de la «social-démocratie». C'est le cas ici de ce qu'on appelle le «socialisme à la suédoise», où, tout en instaurant des mesures sociales très étendues, la Suède a cependant conservé certains secteurs d'exploitation privée et confié la gérance de certains autres secteurs nationalisés à des coopératives de consommateurs, comme dans le cas de l'alimentation. Au Québec, les politicologues qualifient aussi de «social-démocrate» la philosophie économique actuelle du programme du Parti Québécois.

La gamme des aménagements pourrait donc se déployer à travers le monde avec une infinité de nuances. Depuis la Russie soviétique où, à l'exception des coopératives agricoles, tous les moyens de production sont étatisés jusqu'aux U.S.A. où ces derniers appartiennent tous à l'entreprise privée.

Pionnière, la Russie croyait aux vertus absolues de la centralisation: elle a déclenché, par ce nouveau «capitalisme d'État» et par la lourdeur oppressive de sa bureaucratisation, une réaction d'autodéfense chez ses alliés. Ce fut l'émancipation de la Yougoslavie, puis le «printemps de Prague» avec l'écrasement de sa revendication passionnée pour un «socialisme au visage humain».

Sur un autre continent s'est joué par ailleurs le destin de l'Unité Populaire de Salvador Allende, au Chili, le premier régime socialiste né en terre d'Amérique. Un socialisme animé d'idéal humanitaire et qui rêvait d'opérer une révolution pacifique. Un régime qui ne voulait ni supprimer les libertés individuelles, ni châtier, ni exiler ses nombreux opposants. Mais qui, victime de sa tolérance, permit à ses ennemis de le renverser brutalement ensuite.

En Asie se déploie enfin l'exemple fascinant de la Chine où le socialisme est devenu une véritable philosophie de vie. Où, contrairement à la Russie, le pouvoir se décentralise par le truchement des conseils de villages; où le passé et l'avenir essaient de se donner la main et les générations de se compléter. La Chine surprenante qui a chargé, dans chaque commune, les vieillards d'enseigner l'histoire aux jeunes, les médecins d'étudier avec les anciens guérisseurs, les intellectuels de retourner périodiquement labourer...

En Europe, de vieux pays méditerranéens, traditionnellement catholiques et de droite, se retrouvent, ébranlés, au carrefour d'une option socialiste résolument moderne. Le Portugal où, de changement en changement, tout peut encore se produire. L'Italie où les communistes, de compromis en compromis, vont bientôt donner la main à la Démocratie Chrétienne. L'Espagne, où l'interlude monarchique de Juan Carlos ne saurait être de longue durée après quarante années de dictature absolue. Comme en Amérique latine émerge, là aussi, une gauche chrétienne forte de nouvelles perspectives ouvertes par l'encyclique *Populorum Progressio*. Désormais les régimes de droite fascistes ne pourront plus brandir devant les masses chrétiennes les condamnations de l'Église d'antan pour s'opposer à la montée du socialisme. Depuis Helder Camara et dom Fragoso, le Christ est bel et bien repassé, pour beaucoup, du côté des pauvres.

En France enfin, la social-démocratie pourrait bien n'être, pour les Français, qu'une étape vers un véritable socialisme.

Au Québec, revenons-en à nos moutons, l'idéal du socialisme «pur-sang» n'a guère regroupé jusqu'ici que des chapelles ou des embryons de partis politiques. La «conscience ouvrière» des travailleurs n'est sans doute pas encore équipée d'une assez longue tradition de classe pour leur permettre de nourrir massivement un projet aussi révolutionnaire. En outre, nos origines rurales font encore spontanément de nous, au plan sentimental, de plus chauds partisans de la petite fermette à soi que du kibboutz collectif... Enfin, le climat de consommation et le contexte nord-américain ne favorisent guère l'émergence d'un projet politique qui serait trop radicalement contrasté avec celui de ses

voisins géographiques pour permettre les relations

économiques voulues par l'interdépendance obligée des États modernes.

Mais la social-démocratie, en revanche, prend chez nous des galons chaque jour. Accolée pour la première fois ici au programme économique du Parti Québécois, l'étiquette a semblé assez attrayante aux Libéraux pour qu'à maintes reprises, par la suite, ils se l'accollent volontiers eux-mêmes.

Qu'importe! Au Québec l'idée de socialisme et de social-démocratie est désormais exorcisée et demeure ouverte: celle-ci ne saurait être que bénéfique à tout le monde. La fin d'un préjugé constitue toujours une grande victoire pour l'esprit.

L'EXEMPLE DES FEMMES CHILIENNES

La dignité et le courage du petit peuple écrasé par la répression policière, le chômage et le coût démentiel de la vie sont actuellement bouleversants. Dans les *poblaciones* (quartiers ouvriers pauvres) cependant, les femmes se sont remises patiemment à l'œuvre : reconstruire au ras du sol, au niveau des plus humbles détails de la quotidienneté, cette solidarité de base qui avait constitué l'exemplaire assise politique de l'Unité Populaire.

Dans ce processus politique assez unique, l'accession au pouvoir par voie démocratique et pacifique de Salvador Allende et de son régime socialiste, les femmes du Chili ont joué un rôle historique. Elles ont d'abord fait brillamment mentir les préjugés courants voulant que l'électorat féminin soit traditionnellement la proie facile des idéologies conservatrices et des régimes de droite. Mais ce qui mieux est, elles ont, par leur politisation très originale, contribué de façon insigne à la «chilinisation» du modèle de socialisme qu'elles s'étaient démocratiquement choisi. Par leur participation très active aux structures de base de leur parti, dans les domaines de la réforme agraire, de l'hygiène publique, de la santé, de l'hygiène maternelle et infantile ou de l'éducation, elles ont certainement permis au socialisme chilien de faire l'économie d'une bureaucratisation lointaine, froide et dépersonnalisée. Cette lourdeur technocratique qui est trop souvent le fait de régimes politiques importés de toutes pièces, les femmes chiliennes l'ont évitée en enracinant sans cesse dans leur culture populaire originale les nouvelles structures politiques que leur parti se donnait.

Or, pour la plupart des observateurs québécois, missionnaires, syndicalistes, professeurs qui ont séjourné au Chili sous le régime Allende, cette participation des femmes, loin de constituer un frein craintif aux innovations proposées par le régime, contribuait au contraire souvent à leur radicalisation. Une fois convaincues qu'une conduite d'égout devait être réparée pour raison de salubrité publique dans leur village, qu'une industrie devait garder ses portes ouvertes aux travailleurs qui l'avaient fait vivre durant des années, qu'un terrain de jeux devait être mis sans tarder à la disposition de leurs enfants, ces femmes faisaient preuve d'un courage et d'une ténacité dans leur action qui constituaient un stimulant chaleureux pour tous les militants.

S'il est un secteur de ce continent où l'on sent par toutes ses fibres «qu'une femme est une femme», c'est bien l'Amérique latine; ce n'est donc pas la Chilienne qui se laissera berner par le modèle masculin de la participation politique «par le haut» qui, trop souvent en Amérique du Nord, décourage les simples citoyennes de participer à la vie politique sous prétexte que «les enfants et la maison requièrent tout leur temps».

Il est piquant au contraire de constater que ces militantes, qu'idéologiquement ici on qualifierait «d'extrême gauche», avaient d'instinct suscité la politisation de leur milieu à partir de la relation mère-enfant. L'un des exemples de modèle de regroupement les plus originaux qu'elles se soient donnés furent certainement les Centres des mères dont la préoccupation initiale était la santé. La mortalité infantile étant très élevée dans leurs milieux, les femmes firent, dès le début, porter leurs efforts sur la prévention. Regroupées, elles allaient rencontrer dans les agglomérations plus populeuses des infirmières et des médecins qui venaient sur place ensuite leur donner des cours d'hygiène publique, de puériculture, de soins maternels, etc. Ainsi formées, elles se constituaient ensuite en «brigades de la santé», chaque femme se rendant responsable de son voisinage immédiat, de sa rue, en matière de prévention. Chacune d'elles, tenant par exemple à jour un petit dossier de vaccination des enfants de son secteur de rue, voyait à ce que chacun d'entre eux se présente au jour donné pour recevoir ses injections.

En matière d'alimentation également la politisation et la mobilisation des quartiers populaires est passée par l'inquiétude lancinante des mères défavorisées tou- 69 chant l'insécurité du lendemain. Les comptoirs populaires, créés à la base grâce en grande partie au dynamisme de simples ménagères, n'ont pas attendu de superstructures gouvernementales parachutées par le haut pour redonner aux plus pauvres la dignité et la fierté de pourvoir eux-mêmes à leurs propres besoins et de gérer, sans intermédiaires coûteux et inutiles, la distribution des denrées essentielles à la vie et à la santé des leurs.

Beaucoup d'autres exemples foisonnent à mon esprit qui accentuent encore l'odieux de la répression sadique qui s'exerce encore contre ces centaines de militantes pacifiques emprisonnées. Leur seul crime fut de prétendre nourrir, éduquer et soigner leurs enfants selon des normes qui, à nos yeux de Nord-Américaines, ne prétendent qu'au minimum de la dignité humaine. Mais il n'en demeure pas moins qu'en dépit des jours sombres que traverse aujourd'hui leur pays, cette noblesse, ce courage et cet espoir n'ont pas été écrasés avec les 20 000 malheureuses victimes de la junte militaire... On ne tue pas l'âme d'un peuple qui a vécu une fois, fût-ce brièvement, dans la liberté et la dignité!

Hors nos brèves participations aux indispensables campagnes d'opinion publique, notre solidarité féminine ne saurait mieux s'exercer qu'en faisant servir à l'avancement de notre propre idéal démocratique l'humble et merveilleux exemple des Chiliennes politisées. Car lorsqu'à la tête des nations «libres» des citoyens épris de justice et d'égalité auront placé des gouvernements eux-mêmes démocratiques et fraternels, les pressions politiques deviendront telles, à l'endroit des régimes dictatoriaux et tortionnaires, que ces derniers ne pourront plus impunément exercer leurs répressions sauvages contre leurs opposants. La libération des Chiliennes passe par la nôtre: la démocratie ne progresse de par le monde que selon la loi inéluctable des vases communicants.

NOTRE AMIE FRANÇOISE GIROUD

Après un mandat comme secrétaire d'État à la Condition féminine et une rude campagne électorale aux élections municipales de la ville de Paris, Françoise Giroud est sereinement retournée à sa vraie vie: celle d'écrivain. De sa brève incursion en politique active, elle a tiré un livre mordant et grave: *La Comédie du pouvoir.* Ces pages rafraîchissantes, parfois crues, ne lui ont pas valu que des louanges... Les carriéristes de la politique ne prisent guère qu'un écrivain, femme par surcroît, vienne jeter sur leurs petites omissions, leurs petites lâchetés, leur insuffisance ou leur cynisme quotidiens le regard neuf de ceux qui n'appartiennent qu'accidentellement au monde du pouvoir.

Françoise Giroud n'en sort cependant ni amère, ni déçue. N'attendez donc pas d'elle qu'elle vous détourne de la politique active! Elle sait mieux que quiconque que la politique, même la plus grande, demeure l'art modeste du possible. Elle en a d'ailleurs témoigné de manière positive en acceptant (bien que la gauche ait toujours été selon son expression «sa vraie famille») d'aller travailler à la cause des femmes dans le gouvernement de M. Valéry Giscard d'Estaing. Quel bilan en tire aujourd'hui l'inimitable éditorialiste de *L'Express* et duquel pourraient s'inspirer les femmes qui ressentent aujourd'hui quelques velléités de s'engager en politique?

Comme on le dit familièrement au Québec, Françoise Giroud ne «rêve pas en couleurs»! Qu'on le veuille ou non la politique active demeure, selon elle, une dévoreuse de vie personnelle. Conséquemment les mères de très jeunes enfants, sauf de rares exceptions, devraient attendre sagement les années moins accaparantes de la maturité pour s'y aventurer. Bien sûr, si les maris participaient davantage, si les structures sociales changeaient, si les lois du travail étaient modifiées, si, si, si... En attendant l'avènement de tous ces «si» une jeune femme se casse vite les reins à prétendre concilier l'irréconciliable. Astucieuses, s'abstenir...

Second constat de Françoise Giroud : la fonction de député s'est progressivement dévalorisée à un point tel, depuis quelques décennies, que les femmes feraient peut-être bien d'y réfléchir à deux fois avant de briguer un poste que les hommes eux-mêmes remettent sérieusement en question. (Cela est aussi vrai au Québec qu'en France.) Sous l'effet d'une centralisation excessive des pouvoirs, le rôle du député s'est en effet rapetissé avec les années comme une véritable peau de chagrin. Ce député qui devrait au contraire incarner auprès de ses électeurs «le dernier visage humain de l'État» voit de plus en plus sa fonction réduite à celle d'un rouage parmi bien d'autres dans l'énorme «machine à voter» qu'est devenue l'Assemblée nationale. Françoise Giroud en vient donc à se demander si une bonne travailleuse sociale, bien enracinée dans son milieu, ne retire pas finalement plus de satisfaction de son travail qu'elle n'en éprouverait si elle était élue député de sa circonscription dans les circonstances actuelles? Car seule la régionalisation et la décentralisation du pouvoir permettraient, dans l'avenir, de revaloriser et de ranimer la fonction usée des élus du peuple.

Reste évidemment le château fort discret de la fonction publique où loge sans doute, bon an, mal an, 85% du pouvoir réel et des prises de décision. Personne de sensé en effet n'imagine un instant qu'un ministre quelconque puisse disposer du temps physique nécessaire pour lire lui-même les tonnes de dossiers, de mémos, de notes de service et de recommandations diverses qui lui sont préparés jour et nuit par les milliers de fonctionnaires répartis en des dizaines et des dizaines de départements de son ministère. (À titre indicatif, le ministère de l'Éducation du Québec compte 4 200 fonctionnaires travaillant sous les ordres de huit sous-ministres. Et on ne parle pas des Affaires sociales...) La plupart du temps, sauf si la décision à prendre comporte une dimension politique très actuelle et très controversée, le ministre consultera ses hauts fonctionnaires en qui il voit normalement des spécialistes compétents de la question, et il prendra leur avis. Les femmes pourraient donc estimer, non sans raison, que si «les ministres passent mais les fonctionnaires demeurent», la fonction publique pourrait constituer pour elles un terrain privilégié et stable où exercer sur la politique de leur pays une influence durable. Sans parler de la régularité proverbiale des heures de travail... Cependant, doit souligner Françoise Giroud, peu de femmes se sont jusqu'ici dotées de la formation nécessaire pour accéder à la haute fonction publique. Quant aux hauts fonctionnaires eux-mêmes, ils doivent reconnaître que leur métier comporte également sa large part de frustration. La dissidence et la rébellion n'y sont guère prisées et la loi du silence est de rigueur. Au cours du processus de prise de décision, le ministre a toujours le dernier mot et il arrive même que la décision finale soit dictée in extremis, davantage par la conjoncture politique ou la stratégie que par la logique interne du dossier accumulé au cours des années par les tâcherons obscurs de la fonction publique.

Pour toutes ces raisons, Françoise Giroud incline donc à préconiser la scène municipale pour les femmes soucieuses de participation active à la vie politique de leur pays. Outre que les problèmes quotidiens de la vie politique municipale demeurent de la capacité d'un grand nombre de femmes moyennes (urbanisme, aménagement du territoire, logement, loisirs, santé publique, etc.), ces mêmes problèmes constituent une excellente occasion pour les femmes de «se faire la main» aux rouages de la vie démocratique. Le caractère concret de la politique municipale, son enracinement dans le milieu quotidien de vie des femmes, la proximité des familles, des écoles et des organismes communautaires qui y sont rattachés, tous ces éléments ont jusqu'ici permis à un nombre croissant de Françaises d'être élues mairesses de leur commune et d'y exceller avec un rare bonheur. Enfin, autre aspect avantageux de la scène municipale, croit Françoise Giroud, c'est qu'on y a encore le temps de réfléchir avant d'agir! Au niveau national, les états d'âme et les tergiversations n'ont plus guère leur place! Il faut avoir «réfléchi» et pensé son action avant d'accéder au pouvoir. Ensuite, la machine se met en branle à un rythme implacable et c'est presque toujours trop tard...

On a souvent prétendu en outre que les milieux politiques étaient durs, inhumains, impitoyables et que les femmes «au cœur bon et tendre» s'y feraient littéralement broyer psychologiquement. Françoise Giroud reconnaît aisément que les armes et les procédés du combat politique sont parfois horribles. Mais elle croit aussi qu'il y a une certaine naïveté de la part des femmes à croire que l'homme n'est un loup pour l'homme que... lorsqu'il devient député ou ministre. Il l'est tout autant, croit-elle, dans l'entreprise ou le commerce à cette seule différence près: en politique (et c'est là une différence capitale) il n'existe qu'un unique employeur et cet employeur c'est le gouvernement... S'y vous vous en trouvez évincé, vous ne pouvez choisir d'aller offrir vos services ailleurs. D'où l'âpreté des luttes politiques pour y maintenir des positions et une zone d'influence chèrement acquises.

Toutefois, d'expérience, Françoise Giroud croit que la plupart des politiciens qui vivent quotidiennement sous ce rythme infernal d'activités, de tensions et de menaces, aiment secrètement la vie peu banale qu'ils mènent... Cette cadence dévorante qui leur supprime quasi totalement la solitude, la vie personnelle et le temps de réflexion devient à certains d'entre eux aussi indispensable qu'une drogue. Aussi n'est-ce pas sans raison que les Américains commencent à mettre systématiquement sur pied des groupes de réflexion et de prospective chargés d'évaluer au fur et à mesure l'impact et les effets secondaires des prises de décision de tous ces beaux messieurs dévorés et surmenés.

Certes, conclut Françoise Giroud, la vie démocratique demeure un défi permanent à relever et elle exige beaucoup d'optimisme et de ténacité. Certains problèmes d'une extrême complexité n'intéressent guère le public et, pourtant, on ne cesse de le consulter sur des broutilles. Alors que des décisions viscérales parfois, pour la qualité de vie ou l'avenir de son pays, lui échappent totalement. Par la décentralisation et la simplification des prises de décision, les femmes actives en politique municipale pourraient faire beaucoup pour l'éducation et la formation démocratique de leurs concitoyens: que l'on songe seulement à la formation économique qui a fait jusqu'ici cruellement défaut dans presque tous les pays latins!

Pendant des siècles, les femmes ont été des éducatrices d'hommes: il doit bien leur en être resté quelque disposition naturelle? Mairesse? Conseillère municipale? C'est l'invitation que nous lance notre amie Françoise Giroud.

UN BEAU FRUIT DU QUÉBEC...

Rien de plus déprimant que l'inflation! Premièrement, un problème que vous ne réussissez jamais à mettre entre parenthèses plus de quelques heures. L'inflation, ça vous rattrape douloureusement à chaque instant de la journée. Autre facteur irritant: les mass média, de connivence avouée ou non avec les gouvernants, vous renvoient toujours la responsabilité de l'inflation à l'échelon supérieur. De l'échelon provincial à l'échelon fédéral, puis du fédéral au mondial. Demain on en fera peut-être, qui sait, un problème cosmique?

Pourtant, nous, consommateurs isolés, détenons chacun contre l'inflation un minuscule pouvoir économique: notre *salaire*. Ce pouvoir individuel est réduit, mais il est *absolu.* On a grand tort de l'oublier. Si ces petits pouvoirs absolus en effet acceptent de se harnacher, ils peuvent alors créer ensemble une force économique redoutable et capable de lutter efficacement contre les jongleurs sans conscience du prix du sucre ou du bœuf. Telle est la puissance réelle de la formule coopérative. Vous en doutez? Alors examinez avec moi l'exemple de la Suède où 35% des foyers sont actuellement membres d'une coopérative d'alimentation.

La situation de la Suède, en effet, présente plusieurs analogies avec celle du Québec. Petit pays de 8½ millions d'habitants, ses coopératives réussissent cependant à mener une dure existence aux multinationales de l'alimentation grâce à des chiffres d'affaires qui atteignent aujourd'hui les milliards de dollars. Car telle est la seconde puissance des coopératives: après avoir, dans une première étape, assuré la protection individuelle du consommateur, elles peuvent, dans les étapes ultérieures, amener une collectivité à reconquérir son économie nationale par le biais de la réappropriation de son industrie.

Pourtant, en Suède, la formule coopérative est née dans les conditions difficiles de l'après-guerre. En 50 ans cependant, grâce à une mobilisation des esprits tout à fait spectaculaire (il y a actuellement 659 000 coopérateurs dans la seule ville de Stockholm), les Suédois ont réussi à fermer pratiquement la boucle qui relie désormais le producteur agricole au consommateur. Ils sont devenus collectivement les maîtres du réseau industriel intermédiaire qui, ici en Amérique du Nord, demeure la jungle privée des spéculateurs et le bouillon de culture de toutes les hausses injustifiées des prix.

Les coopératives alimentaires qui, encore au Québec, projettent l'image attendrissante d'un charmant magasin général de village, sont au contraire en Suède de véritables symboles de modernité et de réussite: les plus brillants diplômés en sciences économiques de ce pays se spécialisent fébrilement en coopération! L'une de ces coopératives, la KF KONSUM possède même sa propre université où elle forme ses cadres supérieurs et son personnel. Quant à ses supermarchés, au nombre de 2 500, ils ont été conçus par les plus avant-gardistes *designers* du pays et les Américains eux-mêmes vont y glaner des idées nouvelles allant des techniques de manutention à l'automatisation des caisses enregistreuses.

Pourquoi les Québécois n'en feraient-ils pas autant? Plusieurs facteurs culturels qui nous sont propres favorisent actuellement la mise en marche d'un tel projet au Québec.

1. La tradition coopérative est bien enracinée chez nous dans le *secteur de l'épargne:* le *Mouvement des Caisses populaires Desjardins,* qui a connu des débuts fort modestes, possède aujourd'hui un chiffre d'affaires de l'ordre de 4½ milliards de dollars provenant de petits épargnants regroupés en plus de 1300 caisses régionales. Ce qui a été réalisé dans le secteur de l'épargne pourrait l'être tout aussi bien dans celui, non moins crucial, de l'alimentation.

2. *Les coopératives agricoles* sont chez nous des réalités bien vivantes: la Coopérative fédérée qui gère à elle seule un budget de 422 millions de dollars est entre les mains de 8 300 fermiers qu'il faut démocra-

tiquement consulter pour chaque décision importante : une telle force économique, ainsi administrée par la base, ne peut être à notre insu vendue à des mains étrangères !

3. Dans le domaine de la consommation, la *Fédération des magasins Coop* est bien implantée en milieu rural depuis les années '30. Elle possède 20 coopératives réparties surtout dans le Bas Saint-Laurent, la Gaspésie, la Beauce, la Côte Nord, l'Abitibi, etc.

Le défi à relever pour les Québécois, c'est désormais de passer, dans le domaine de l'alimentation, à l'assaut des grands centres urbains où Dominion (1 milliard et plus de chiffre d'affaires) et Steinberg (912 millions), A et P ou Dionne (capital américain) empochent allégrement chaque année des fortunes qui proviennent à 85% des goussets francophones.

Ce défi actuel est en partie d'ordre psychologique : historiquement tributaire du milieu rural, la formule coopérative québécoise concurrence encore difficilement, en milieu urbain, les magiciens de la consommation qui orchestrent actuellement nos mœurs d'achat citadines.

Voilà pourquoi la Coopérative des consommateurs de Montréal (C.C.M.) a racheté à la Fédération des magasins Coop les deux premiers Cooprix érigés en 1969 (rue Legendre, près Papineau nord) et en 1970 (boul. Saint-Joseph est). Son objectif : ancrer dans la réalité urbaine un réseau typiquement montréalais de coopératives alimentaires qui pourront éventuellement servir de modèles à la création d'autres Cooprix dans les principales villes du Québec.

Dans ce but, les Cooprix émettent actuellement des parts sociales au montant de $25 chacune à laquelle est attaché un droit de vote aux assemblées. Les membres savent d'avance qu'ils ne toucheront pas de ristourne à même les profits réalisés en fin d'année par Cooprix, puisque l'objectif de la coopérative c'est la baisse des prix et non le profit. En outre, parce que l'augmentation du chiffre d'affaires doit éventuellement servir, comme en Suède, à étendre la formule coopérative jusqu'à lui permettre d'accéder à la phase industrielle. Or il faudra

40 000 coopérateurs montréalais, à $25 chacun, pour

permettre à la C.C.M. d'atteindre son premier million de chiffre d'affaires...

Pour partir ainsi joyeusement à l'assaut des géants obèses qui nous «font bien manger» ou qui «sont de not'bord» les coopératives québécoises devront donc se livrer dans les années qui viennent à une gigantesque campagne d'éducation du consommateur. Lui apprendre patiemment qu'il n'est pas nécessaire d'avoir le choix théorique entre vingt détergents à lessive (avec ou sans débarbouillette incluse) ou entre quinze sortes de papier hygiénique... Patiemment et sans rien brusquer. Malgré leurs efforts, les Cooprix de Montréal accusent encore un inventaire de 14 000 articles différents contre 7 000 seulement pour les coopératives suédoises: une marge de 50% due au matraquage publicitaire dont nous sommes quotidiennement victimes en Amérique du Nord.

La baisse des prix et le contrôle progressif de notre économie sont donc bien réellement à notre portée. Mais à ces deux conditions essentielles: notre solidarité massive d'abord et la réduction éclairée et intelligente de nos besoins réels ensuite.

TIERS-MONDE ET CUISINE QUÉBÉCOISE

D'ici huit mois, dix millions de morts-de-faim.

La dramatique sécheresse du Sahel, les ravages de l'ouragan Fifi au Honduras mobilisent aisément les mass média compatissants: le public des pays d'abondance tient par-dessus tout à se faire assurer que les famines, qui frappent les unes après les autres les populations du Tiers-Monde, sont dues à des catastrophes purement naturelles. Ainsi le public au bon cœur peut-il périodiquement être enrégimenté pour un généreux coup de collier en faveur d'Oxfam, Fame Pereo, Unicef ou autres œuvres palliatives d'urgence. Après quoi, il retournera, la conscience en paix, à son *american way of life...*

Pourtant, l'intérêt récent suscité autour des analyses du phénomène du sous-développement (notamment l'œuvre explosive du Français René Dumont, spécialiste des questions agricoles d'Amérique latine) laisse de plus en plus planer sur la bonne conscience des «pays riches» une image aux contours sinistres. Rappelons-nous la femme du châtelain qui, au Moyen Âge, allait de chaumière en chaumière porter un panier de victuailles aux pauvres que son mari maintenait par la force dans une servitude abjecte. Nous risquons tous de lui ressembler. Notre bénévolat charitable, tronqué d'une conscience politique agissante, va bientôt se confondre progressivement avec le masque hideux de l'hypocrisie bien pensante: sur ce point, le doute reste de moins en moins permis.

Tant que les pays riches n'auront pas accepté de faire leur autocritique et de remonter aux causes permanentes du sous-développement et de la famine, Oxfam et *tutti quanti* offriront la désolante figure de braves pompiers débordés.

Quant aux secours recueillis dans une bonne volonté réelle, combien de fois ne stagneront-ils pas dans un port vétuste du Tiers-Monde, faute de routes et moyens de transport adéquats pour les acheminer vers les villages éprouvés?

Combien de fois, et cela est encore mille fois plus révoltant, ne sont-ils pas détournés de leur destination charitable par des bureaucraties ou des régimes politiques corrompus qui les revendent à prix d'or au marché noir? Et ces mêmes dirigeants sont trop souvent maintenus en selle grâce à l'assistance discrète des pays riches, soucieux de s'assurer des alliés consentants pour les approvisionner à bon marché en matières premières.

Voilà pourquoi on peut trouver de la soupe aux pois canadienne en conserve dans les restaurants chics de Rio de Janeiro et des médicaments canadiens à prix d'or dans les pharmacies de Recife au Brésil... Les agonisants du «triangle de la faim» auxquels ils étaient destinés n'en ont sans doute jamais vu la couleur!

Voilà pourquoi, peut-être, la violence fût-elle une «bien vilaine chose», il aura fallu que les Éthiopiens renversent brutalement de son trône Hailé Sélassié, le Roi des rois, responsable devant Dieu et devant les hommes de la mort par inanition de milliers de ses fidèles sujets.

Car c'est du côté des pays riches que l'analyse de notre pillage programmé de l'assiette des pauvres devient effarante.

Savons-nous que, sous l'influence de l'industrie des Bar-b-cue, TV Dinners, Colonel Sander's, etc., *la consommation de poulet par habitant est passée, depuis 1950, en Amérique du Nord, de 16 livres à 60 livres par an?*

Que, grâce à MacDonald's Hamburger, Charcoal Grill, Baron de Bœuf et autres chaînes de restauration du même acabit, *celle du bœuf est passée de 50 livres à 112 livres par an?*

Quant à la consommation du sucre, elle est passée, depuis 1910, de 10 livres à 113 livres par an sous l'influence, entre autres, de l'industrie des boissons gazeuses.

Tous ces excédents de protéines et de sucre, vendus à coup de publicités intensives, ont profondément mo-

81

difié nos habitudes culturelles en matière d'alimentation. Les congrès médicaux des pays d'Occident ont beau agiter la sonnette d'alarme et nous répéter que nos cœurs et nos artères s'encrassent progressivement sous l'excédent des produits laitiers, *from coast to coast*, ce sont les multinationales de l'alimentation qui annoncent une pseudo-libération de la ménagère par déballage de cellophane interposé.

Or, pour répondre à cette modification *pour le pire* de nos habitudes alimentaires par les grandes sociétés, il faut abuser plus que jamais des masses laborieuses des économies dominées. À 112 livres de bœuf par an et par habitant, il n'est plus question d'attendre que la vache ait ruminé tranquillement assez d'herbe (cellulose) pour la transformer en viande (protéines animales). Il faut forcer cette transformation en lui faisant absorber à haute dose *des moulées faites de protéines végétales qui pourraient directement nourrir des hommes.* Or, ces protéines végétales, il en faut au minimum sept livres pour produire une seule livre de viande.

Si les femmes de ce pays se sentent véritablement solidaires de ces femmes du Tiers-Monde que la télévision nous montre, hagardes et exsangues, un nourrisson famélique suspendu à leur mamelle vide, elles ne peuvent plus se contenter d'adresser leurs vœux de Noël sur les cartes de l'Unicef.

Au moment de déposer leurs bulletins de vote, elles devront cesser de reporter au pouvoir ces gouvernements tièdes qui reconnaissent les colonels et les juntes militaires tortionnaires, sous prétexte de faciliter notre commerce extérieur. Ou qui dépêchent, par-ci par là, un avion gouvernemental bourré de médicaments et de couvertures, quand les mass média crient un peu trop fort.

...mais qui laissent passivement les multinationales de l'alimentation accroître chaque jour à nos dépens les disparités scandaleuses des ressources de la Terre.

LE RAT DES VILLES ET LE RAT DES CHAMPS

Autour des grandes villes universitaires du Québec, professeurs, philosophes, sociologues, chansonniers, comédiens, écrivains retournent vivre à la terre. Grâce aux mises de fonds assurées par leur «vrai» métier, nos urbains convertis en ruraux par la pollution et le stress de la mégapolis rachètent des fermes désertées. La maison est retapée selon Lessard, Marquis et Palardy, les champs en friche reboisés grâce aux subventions gouvernementales, le potager aménagé pour les fines herbes de madame. Voilà notre intelligentzia ravie, déjà prête à accorder (entre deux soutenances de thèses) des interviews télévisées sur la culture de l'ail et la fabrication artisanale du fromage de brebis...

Pendant ce temps, nos agriculteurs, les «vrais», élevaient des barricades sur les autoroutes et pendaient des veaux à des gibets improvisés pour essayer de démystifier à nos yeux la situation de l'agriculture québécoise. Les divers ministères de l'Agriculture ont semblé obtempérer à la plupart de leurs demandes immédiates, mais la crise est beaucoup plus profonde et beaucoup plus politique qu'il n'y paraît. Pour la cerner un tant soit peu, sans doute faut-il accepter de sortir une fois pour toutes de ces rapports précisément «mythiques» que le Québec a toujours plus ou moins entretenus à l'égard de sa classe agricole.

Autrefois, les thèses de Mgr Paquet et les campagnes de colonisation de 1880 et 1929 transmuaient la vie rurale en rempart-de-notre-foi-et-de-notre-langue ou en palliatif contre l'exode des campagnards vers les filatures naissantes de la Nouvelle-Angleterre. Face à cette idéologie de l'époque, les Québécois n'avaient guère le loisir d'apporter de nuances factuelles aux envolées oratoires de leurs chefs spirituels et politiques.

En 1950, au nom d'une seconde «mystique» (complètement retournée celle-là), les citélibristes se mirent 83 au contraire à faire subitement de «l'agriculturisme» le bouc émissaire de tous nos retards en matière d'industrialisation et d'urbanisation. Cet engouement nouveau pour le modèle américain de développement et l'idéologie de «rattrapage» devaient, une fois de plus, faire rater à la petite communauté québécoise, en mal de révolution tranquille, une merveilleuse chance d'élaborer avec réalisme et originalité son propre modèle de développement.

Aujourd'hui en effet, toutes ces «mystiques» s'effondrent devant la conscience que nous prenons tous de la crise mondiale de l'alimentation. L'agriculture d'un pays n'est ni un refuge pour valeurs culturelles menacées, ni une solution de rechange au pourrissement des cités tentaculaires, encore moins un vestige folklorique. Elle est un moyen vital de subsistance pour la population du globe. Et la réponse de la classe agricole ne tarde pas: *le premier homme que la terre doit faire vivre au même niveau que ses concitoyens, c'est celui qui accepte de la cultiver.*

Les statistiques conventionnelles estiment que la classe agricole d'un pays devrait représenter au moins 5% de sa population. Au Québec que l'on décrivait, il y a quelques décennies à peine, comme peuplé de paysans doucement archaïques, la classe agricole n'a cessé de diminuer: actuellement elle représente à peu près 1% de notre population. Une dégringolade de 120 000 à 140 000 fermiers en cinquante ans...

Les lois de la sélection naturelle ont joué à plein dans cette évolution. L'écrémage résultant des dures exigences de la compétition et de la rentabilité a fait de l'agriculteur québécois d'aujourd'hui un chef d'entreprise et un gestionnaire qui n'a plus rien à voir avec les héros loqueteux et illettrés des *Belles Histoires*: ceux-là ont depuis belle lurette pris le chemin des villes... ou celui de l'assurance-chômage.

Une ferme moderne exige aujourd'hui au Québec un investissement initial de l'ordre de $100 000 à $125 000. Peu de candidats, on le pressent, franchiront, prêt agricole ou pas, le cap de cette première épreuve de force.

Celle-ci une fois franchie, le nouveau propriétaire

sera en droit d'attendre que son capital lui rapporte le

taux d'intérêts qu'il en retirerait normalement s'il avait au contraire investi dans l'achat d'un garage ou d'un fonds de commerce $10 000 à $12 000 par an.

La conclusion saute immédiatement aux yeux : si la société québécoise ne veut pas voir disparaître à brève échéance sa classe agricole menacée, elle devra consentir à payer ses rares et précieux producteurs à l'aune où elle paie depuis longtemps ses travailleurs spécialisés. Sinon leur compétence et leur mobilité inciteront de plus en plus de jeunes fermiers à retirer leur capital de la terre pour aller l'investir en ville. Car tandis que le revenu moyen en agriculture doublait entre 1951 et 1971, celui des salariés industriels triplait durant la même période.

Pour juguler l'hémorragie, il faudra que le consommateur québécois apprenne à voir plus loin que son panier à provisions. Car si, jusqu'à présent, la désertion massive des campagnes a été équilibrée par les hausses fantastiques des moyens de production dont disposaient les agriculteurs tenaces, désormais le plafond de productivité semble pratiquement atteint. En 1920 en effet, une championne laitière produisait 3 000 livres de lait par an. Aujourd'hui une vache normale pourra produire jusqu'à 21 000 livres ! Mais qui pourrait s'attendre, hormis les auteurs de science-fiction, à ce que l'on puisse septupler *encore* sa performance dans les années à venir pour équilibrer une fois de plus les éventuelles défections de la classe agricole mécontente ?

Nous ignorons tous plus ou moins que les agriculteurs ont fait longtemps les frais de nos années d'abondance. Car si nous payons $0.80 la douzaine d'œufs en 1975 alors qu'elle était à $0.40 en 1920, le pouvoir d'achat du dollar a perdu bien plus que deux fois sa valeur durant le même laps de temps. Quelqu'un quelque part en a donc fait les frais. Et en dépit du climat d'inflation actuel, nous consacrons à l'alimentation un pourcentage de notre budget encore bien inférieur à celui du consommateur de 1920 !

Pourtant, sur chacun des dollars ainsi consentis, $0.15 seulement iront au producteur agricole, les services de mise en marché et les fournisseurs des entreprises agricoles s'accaparant respectivement les $0.65 et les $0.20 qui « restent »...

Nos agriculteurs nous ont longtemps nourris pour des revenus étriqués. Non seulement eux, mais leurs femmes et leurs enfants traditionnellement enrôlés dans l'exigeante entreprise familiale. Ces enfants sont aujourd'hui scolarisés, ces femmes aussi libérées et dégourdies que vous et moi : il est temps que leurs longues heures de travail reçoivent un juste salaire.

UNE AGRICULTURE EN QUÊTE D'UN PAYS

Pour beaucoup de gens, les discussions constitutionnelles apparaissent aussi abstraites qu'inutiles : le Québec est-il à lui-même un pays ou simplement un gros morceau particulièrement coriace du Canada ?

Pourtant, s'il est un groupe de la société que ce problème théorique jamais résolu empêche actuellement de dormir et empêchera bientôt aussi de manger, ce sont les agriculteurs québécois.

Si en effet l'on considère à toutes fins utiles le Québec comme « un pays », l'on se doit de tendre à le rendre autosuffisant en matière alimentaire comme le font tous les pays du monde. Je dis bien : « tendre à l'autosuffisance » puisqu'il est bien évident qu'un pays nordique devra toujours, par exemple, importer ses bananes et ses agrumes... Et j'ajoute que point n'est besoin d'être un affreux « séparatiste » pour souhaiter voir évoluer les choses de cette façon : les esquisses des futures politiques agricoles mises de l'avant par les ministres libéraux Toupin et Drummond, ces dernières années, indiquent bien, si nous faisons la somme de leurs bonnes intentions, cette tendance constante vers l'autosuffisance québécoise dans le domaine des denrées alimentaires que nous sommes en état de produire à même notre sol. Car, à l'heure où l'on parle, le Québec n'est alimentairement autosuffisant qu'à 61.6%.

Actuellement, en effet, les Québécois produisent en quantité suffisante pour subvenir à leurs propres besoins : les *pommes* (105%), les *carottes* (132%), les *oignons* (145%), le *lait* (122%) et la *volaille* (115%). Par contre, ils doivent faire appel aux autres provinces, aux U.S.A. et à d'autres pays pour les denrées suivantes : *légumes* (54%... le *céleri* produit au Québec ne subvient qu'à 11% de la demande du consommateur...) *bœuf* (20%), *porc* (82%), *dinde* (48%), *agneau* (12%).

Tout, dans les récentes législations provinciales, est donc généreusement prévu pour opérer à court et à long terme les rattrapages nécessaires dans ces derniers secteurs: élévation des revenus des agriculteurs, meilleure utilisation des ressources et des sols, développement de l'industrie de transformation alimentaire (*v.g.*: mets surgelés), pénétration de nouveaux marchés, amélioration des prix à la consommation, etc.

Et pourtant, il faut le dire, cette magnifique utopie législative est demeurée jusqu'ici lettre morte, faute de fonds. Le manque de ressources financières ne serait toutefois qu'un problème transitoire si le chevauchement des juridictions fédérale et provinciale ne venait actuellement court-circuiter les plus beaux projets et créer l'incohérence totale dans les buts poursuivis. Si on examine quelques exemples témoins de notre activité agricole, on jugerait même que, tandis que le gouvernement Bourassa réitère ses «Je t'aime, je t'aime...» à la classe agricole québécoise, le fédéral, lui, est en train de l'étrangler lentement, pour le plus grand profit des fermiers de l'Ouest et des grandes multinationales de l'alimentation.

Les Québécois, grands amateurs de patates-à-tous-les-repas, étaient autrefois autosuffisants en matière de pommes de terre. En 1955, ils l'étaient encore à 82%... Aujourd'hui, nous le constatons en faisant notre marché, nous consommons surtout des Î.P.-É. et des N.-B.: notre production est encore tombée de moitié. Pourquoi cela? Parce que dans les années '65-'70 «l'avenir» de la pomme de terre a tout à coup évolué, au gré de nos besoins modernes, vers les industries de finition: frites congelées, produit pré-cuit en conserves ou déshydraté. McCain et autres grandes usines de préparation s'en furent donc s'installer au Nouveau-Brunswick et en Ontario, là où le fameux plan Marchand de relance par le fédéral des régions dites «défavorisées» leur créait des conditions idéales d'implantation. Et pourquoi, dites-moi, le Québec n'a-t-il pas réussi à faire figurer son nom sur la liste des régions agricoles «à relancer»? Pourquoi la riche plaine maraîchère de Montréal n'a-t-elle pas su plaider sa cause? Et l'Abitibi qui pourrait redevenir le «grenier du Québec» en matière de blé? Pourquoi les Québécois se retrouvent-ils en état de produire un maigre 2% de tous les légumes congelés usinés au Canada?

Et pourquoi enfin leurs conserveries stagnent-elles encore dans un état de vétusté digne du début du siècle?

Laissons momentanément la question en l'air pour nous retrouver tout de suite sur un autre terrain où se cachent le nœud de la question et l'essentiel de la réponse. Pendant des années en effet, on a parlé au Québec de zonage des sols agricoles afin d'éviter que, dans l'anarchie de notre sacro-saint libéralisme, les promoteurs immobiliers, les créateurs de parcs industriels ou même les urbains en mal de reboisement à bon marché ne finissent par gruger peu à peu tous nos meilleurs sols arables. Or jusqu'à l'avènement du Parti Québécois nos législations se sont contentées de renvoyer la balle aux municipalités et de restreindre l'achat massif de terres par les étrangers. Pourquoi cette parcimonie étriquée dans une politique qui exigeait tant de rapidité et de radicalité?

Parce qu'il apparaît de plus en plus évident que, dans sa planification pancanadienne, le gouvernement fédéral a depuis longtemps prévu que l'agriculture canadienne devait progressivement se concentrer en Ontario et dans les Prairies. Quant au Québec, sa vocation d'avenir semble bien circonscrite par les planificateurs à l'intérieur du triangle industriel Toronto — Montréal — Ottawa. Le choix du site de Mirabel, c'était bien la consécration par le gouvernement Trudeau de cette vocation triangulaire imposée aux Québécois. Notre triangle québécois à nous, c'eût été logiquement Québec — Sherbrooke — Montréal, et notre Mirabel à nous, nous l'eussions alors situé rive sud, bien sûr!... Voilà donc Montréal et ses régions avoisinantes vouées, sur papier, aux paysages d'usines. Et le reste de la province? Le reste de la province à transformer secteur par secteur en «parcs nationaux» de chasse, de pêche et de plein air...

Désolés, ancêtres défricheurs, mais il faut reboiser nos terres pour les touristes étrangers... Désolés, amateurs de «produits du Québec», mais vous ne mangerez sans doute désormais plus que du bœuf de l'Ouest; car à l'horizon, pas le plus petit bouvillon local qui semble avoir les cornes assez dures pour s'attaquer au lobby de Canada Packers et des autres grands cheptels des Prairies! Désolés, jeunes chefs d'entreprise québécois qui rêviez de reprendre en main nos terres: vous finirez sans doute gardiens dans les réserves des parcs fédéraux... Désolés, producteurs laitiers qui à la demande même des gouvernants avez tout investi ces dernières années pour améliorer votre rendement: vos surplus seront donnés au Guatemala à vos propres frais car c'est vous que la Commission Plumptre, après avoir exonéré les multinationales, désigne maintenant comme les responsables de la hausse des prix à la consommation...

Oui, désolés pour vous et désolés pour nous... À moins que vous ne décidiez *in extremis* de renverser complètement la vapeur?

Car qui sait si, pour faire du Québec un pays agricole autosuffisant, il ne faudra pas un jour ou l'autre finir par songer à en faire d'abord un pays tout court?

«MAUDITS SYNDICATS!»

Quatre-vingts pour cent des Québécois sont des salariés. Parmi ces salariés, environ 40% sont syndiqués. Si l'on relit l'histoire des luttes syndicales au Québec, on se rend compte que plusieurs catégories d'employés ont vu, au cours des dernières décennies, leurs salaires de famine devenir à peu près décents. La maîtresse d'école de campagne d'il y a quarante ans commençait souvent à $200 par an. La travailleuse d'usine gagnait péniblement $15 par semaine dans des conditions souvent épouvantables et on ne parle pas des «dévouées infirmières» ni des «gentilles secrétaires»... Tous ces salaires ont quadruplé, sextuplé et, pour certains types de métier, se sont décuplés au cours des récentes années, sous la pression des luttes syndicales aiguillonnées par la hausse constante du coût de la vie. Simultanément, des gains considérables étaient aussi enregistrés du côté de la sécurité d'emploi, des congés de maladie et des fonds de retraite, grâce encore à la persévérance des revendications des centrales.

Pourtant, chose paradoxale, l'opinion publique continue de bouder ces mêmes syndicats qui ont pourtant obtenu à 80% de cette dernière des conditions de travail infiniment plus favorables que celles qui prévalaient autrefois. La Commission Cliche, il y a quelques années, avait procédé pour sa propre gouverne à des sondages de popularité auprès des travailleurs concernant leurs principales centrales. Les résultats, dit-on, furent à ce point accablants pour certaines qu'ils ne furent jamais publiés...

Depuis quelque temps, certains analystes voient dans la décision du gouvernement Lesage, en 1964, d'autoriser le droit de grève dans le secteur public l'origine indirecte de tous ces maux et il est certain que cette interprétation comporte en un certain sens sa part de vérité. Jusqu'aux années '64, en effet, les grèves, aujour- 91 d'hui si impopulaires, survenaient exclusivement dans le secteur privé. Quand une usine de chaussures ou de textile se trouvait temporairement paralysée par un débrayage, c'est l'employeur seul qui, dans un premier temps, se trouvait pénalisé. Par la suite, si la grève perdurait, un rapport de force s'installait entre le patron et les employés qui commençaient à ressentir à leur tour, ainsi que leurs familles, les effets négatifs de leur arrêt de travail. Peu à peu, s'il s'agissait d'une petite ville, les commerçants à leur tour étaient touchés par le manque à gagner d'une partie de leur clientèle. Au fur et à mesure de l'évolution de la négociation, les protagonistes mettaient donc en balance chacun de leur côté leurs gains et leurs pertes. Un beau matin, l'un des deux «cédait», le conflit se réglait, et chacun rentrait chez lui se réjouir ou panser ses plaies.

Dans le secteur public au contraire, le premier pénalisé par une grève, c'est le grand public. L'État étant en effet l'employeur des enseignants, des policiers, des employés d'hôpitaux ou de ceux des transports en commun, un arrêt de travail dans ce secteur devrait logiquement frapper directement l'État-employeur. Mais l'État, constitué des représentants élus de la population devient, au cours du conflit, une réalité vague et abstraite aux yeux de l'opinion. Dans la pratique, c'est la population elle-même qui se sent directement prise comme otage par les syndiqués. Comme il se doit, un Premier ministre et un ministre du Travail se rendent rarement à leur bureau en autobus ou en métro. Comme ils ont souvent placé leurs propres enfants à l'école privée, qu'ils possèdent leurs propres gardes du corps et qu'ils ne sont généralement pas eux-mêmes des usagers chroniques de l'hôpital, ce n'est pas d'abord sur eux personnellement que, pense-t-on, s'exercent les moyens de pression des grévistes. En outre, il arrive même qu'un gouvernement réalise d'intéressantes économies salariales lorsqu'une partie de ses fonctionnaires se mettent en grève. Pourtant c'est lui, en tant qu'«État», qui détient la décision de céder ou de ne pas céder, de mettre fin au conflit ou de le laisser durer. Mais paradoxalement, tout le temps que le métro, l'hôpital ou l'école demeurent paralysés, le grand public qui en fait quotidiennement les frais ressent une grogne croissante à l'égard de ceux qui, au premier rang, leur interdisent par leur arrêt de travail l'accès à ces services auxquels il estime avoir pleinement droit en tant que citoyen-contribuable. Alors que l'État continue souvent de jouir de l'impunité parce qu'il n'a pas de visage...

Un autre effet négatif, aux yeux de l'opinion publique, de l'influence croissante des syndicats dans le secteur public, c'est la transposition trop servile, opérée sans suffisamment de nuances et d'adaptations, du modèle industriel au modèle scolaire ou hospitalier. Or les malades ou les parents d'écoliers estiment souvent qu'il y a quelque chose d'assez odieux, au plan des valeurs, à traiter, dans une convention collective, un enfant ou un malade comme s'il s'agissait d'une automobile sur une chaîne de montage. Ils accusent alors pêle-mêle le syndicalisme d'avoir déshumanisé l'école et l'hôpital, de parler de l'écolier ou du malade comme d'un «produit», de s'activer davantage à protéger l'incompétence ou l'ancienneté de certains de ses membres qu'à améliorer la qualité des institutions, etc. Comme le constatait au sujet du discours syndical actuel le sociologue Jacques Grand'Maison: «On sait très bien le 'contre', on perçoit plus difficilement le 'pour'.»

Il y a des raisons profondes à cet état de choses. Des raisons philosophiques même. Il va falloir en parler franchement dans les mois à venir au cours des mini-sommets économiques. Quand une ouvrière doit éviscérer à la chaîne un poulet à toutes les 45 secondes, quand une employée d'hôpital doit distribuer 40 cabarets aux 30 minutes, toutes les valeurs créatrices et humanisantes que comporte le véritable «métier» ont à jamais disparu pour elles. La convention collective, de son côté, n'a plus d'autre marge de manœuvre que de discuter sans fin de façon tâtillonne des 40 secondes ou des 40 cabarets: le «métier» est devenu une simple *job* à accomplir. Le syndicalisme, lui, a raté sa véritable révolution qui est de faire en sorte que le travail soit conçu pour l'homme et non l'homme rapetissé par des tâches répétitives et abrutissantes qui étouffent en lui toute recherche de qualité et tout sens des responsabilités collectives.

Le syndicalisme a dû, par la force des choses, se borner à répondre jusqu'ici chiffres, quotas, cadences et rendement à ceux qui lui imposaient d'autres chiffres, d'autres quotas, d'autres cadences et un autre rendement. Il doit aujourd'hui changer de registre et de langage pour retrouver son audience et ses solidarités. Ce n'est pas parce que le syndicalisme actuel est «trop révolutionnaire» qu'il fait peur au monde. C'est peut-être, en un certain sens, qu'il ne l'est plus assez. Ces palabres en vase clos contre «les patrons» ou «l'État bourgeois» sont devenus stéréotypés et malsains pour le syndicalisme. Il serait temps que ce dernier s'ouvre à une critique extérieure provenant d'éléments qui lui seraient sympathiques, mais non inconditionnels, et qui l'aideraient à se remettre en question. Car à se colleter exclusivement avec ses ennemis, le risque est grand qu'on finisse par leur ressembler.

AVEC PLUS DE MILITANTES,
LES SYNDICATS VOLERAIENT MOINS BAS

Pour plusieurs d'entre nous dont l'information quotidienne doit se résumer à la froide nomenclature de conflits, de débrayages ou de lois spéciales, égrenée par la voix monocorde du téléjournal, l'univers syndical apparaît d'abord comme un énorme «nid à chicanes»! Lorsque, au cours d'interminables négociations provinciales auxquelles nous assistons impuissants depuis quelques années, les ministres et les chefs syndicaux se mettent à jouer au ping-pong quotidien des accusations d'hypocrisie ou de mensonge, nous renonçons bien souvent à essayer de découvrir dans tous leurs propos contradictoires qui a tort et qui dit la vérité? Quelle lourde charge de démission muette l'expression populaire: «J'veux plus rien savoir...» ne traduit-elle pas, lorsqu'elle s'applique à cette institution pourtant capitale dans la vie d'une collectivité où 80% de la population se retrouve salariée: le syndicalisme...

Les femmes, à cet égard, se reconnaissent au départ particulièrement handicapées par les valeurs traditionnelles de la culture féminine lorsqu'elles tentent d'apprivoiser et de dominer un tant soit peu l'information syndicale quotidienne. Leur a-t-on inculqué dès l'enfance les «vertus» du dévouement, de la gratuité, du don de soi, de l'esprit de concorde, de l'art des concessions en vue d'une paix durable? Voilà, au contraire, qu'elles découvrent dans le «petit livre» de la convention collective ce qui leur apparaît d'abord comme la nomenclature rigoureuse des gestes à ne pas faire, des initiatives à ne pas prendre, des précautions obligatoires pour se prémunir contre «l'adversaire», de la ténacité à s'opposer à tout prix à la tentation de «se laisser attendrir», etc. À combien d'infirmières chevronnées et d'enseignantes de carrière la convention collective n'est-elle 95 pas souvent apparue comme une sorte de reniement ou de prostitution de leur «vocation de jeunesse»?

Renchérissant sur les préventions instinctives des femmes elles-mêmes contre l'âpreté apparente de l'univers syndical, les attitudes masculines, dans bien des cas, ne font qu'exacerber chez elles cette passive attitude de retrait. Un grand nombre de maris, eux-mêmes syndiqués actifs, voient encore d'un œil fort craintif que leur «douce moitié» prétende mener de son côté des activités syndicales ... Un peu comme si elle prétendait s'immiscer dans le saint-des-saints de leur taverne favorite! Ils lui laissent donc très souvent entendre que le syndicat ce n'est pas une place pour les femmes, qui risqueraient d'y recevoir des coups trop durs.

D'autres maris encore, qui refilent avec une spontanéité admirable la garde des enfants à la mère les soirs de leurs propres réunions syndicales, admettraient difficilement la contrepartie si leur épouse-travailleuse prétendait à son tour s'absenter à la même cadence pour surveiller de plus près ses conditions de travail : «Qu'importe si ton salaire reste un peu plus bas que le mien : après tout ce n'est qu'*un deuxième salaire.*»

Il aura fallu à beaucoup de femmes mal préparées le coup dur d'une séparation, d'un veuvage précoce, d'une maternité accidentelle, pour que nombre d'entre elles s'éveillent enfin à la dure réalité de la survie quotidienne et à son corollaire : la nécessité absolue de la solidarité des salariés et, *a fortiori*, de la solidarité des femmes salariées entre elles. Nécessité d'autant plus criante que la plupart des emplois traditionnellement décrétés comme «féminins» dans la société, ceux, par exemple, de serveuses de restaurant, d'employées de bureau ou de commis de magasin, se sont toujours présentés comme des secteurs de travail morcelés à l'extrême et, par le fait même, infiniment plus difficiles et lents à se syndiquer.

Pourtant, l'histoire du syndicalisme québécois, si on la connaissait mieux, nous révélerait des figures extrêmement attachantes de militantes infatigables dont l'inspiration morale n'avait rien à envier aux valeurs profondes privilégiées généralement par les femmes d'aujourd'hui.

96 Il suffit pour s'en convaincre de récapituler brièvement

ces vies engagées au service inlassable des autres : celle d'une Laure Gaudreault, syndiquant pour la première fois les petites «maîtresses d'école» mal payées du comté de Charlevoix dans les années '30 et '40; celle d'une Yvette Charpentier regroupant à la même époque, dans un véritable élan maternel, les «midinettes» exploitées de Montréal. Ou, plus près de nous encore, celle d'une Yvette Rousseau, soutien de famille de huit enfants, fondatrice de syndicat à Coaticook, vice-présidente de la Fédération du textile, vice-présidente de la C.S.N., puis présidente de la Fédération des femmes du Québec.

Ce qui nous frappe, en observant l'évolution de cette longue lutte pour la reconnaissance des justes droits de tant d'obscures travailleuses québécoises, c'est la convergence fraternelle qui unit tout naturellement chez elles, dès les origines, l'inspiration sociale et l'inspiration féministe. Convergence spontanée que l'on retrouve aujourd'hui encore dans bien des manifestes ou résolutions adoptés par les comités d'action féminine et même les congrès de centrales aussi contrastées, sinon parfois opposées, que la F.T.Q., la C.E.Q. ou, tout dernièrement encore, par la dernière venue à cette tribune, la C.S.N.

Dans ce syndicalisme traditionnellement mâle mais trop souvent entaché et déchiré par des rivalités intersyndicales, serait-il trop idéaliste d'imaginer que l'arrivée progressive des femmes en nombre de plus en plus grand puisse y introduire de nouveaux réseaux de solidarité? Instinctivement en effet, les femmes rejetteront souvent du premier coup la plate-forme étroite et mesquine de la convention collective pour accéder d'emblée à l'intuition de ce qui pourrait être un véritable renouvellement de nos rapports sociaux. L'importance qu'elles accordent toujours dans leurs priorités à tout ce qui touche la *qualité de vie* devait les faire aboutir tout naturellement à un tel projet d'imagination créatrice : regardez-les faire à Tricofil...

Mais si on les laisse mettre de la sorte, et selon le beau slogan des insurgés de Mai 68 en France : «l'imagination au pouvoir», il y a fort à parier, qu'à plus ou moins brève échéance, les femmes concluront que le principe du monopole syndical et de son cortège obligé de marchandages, d'attaques sournoises et de rivalités   97 incessantes est à ranger une fois pour toutes au musée de nos aliénations collectives. L'expérience concrète et récente de la solidarité féminine leur permettra peut-être d'oser entrevoir ce que leurs frères désespèrent de réaliser jamais: une solidarité authentique, franche et désintéressée de tous les travailleurs québécois dans un même projet d'avenir.

ROBERT CLICHE AU TEMPS DE LA COMMISSION SUR L'EXERCICE DE LA LIBERTÉ SYNDICALE

> «Ah! y en a qu'avont le tour
> de point se faire pogner, y'a-
> vont jamais la main dans le
> sac ni la patte dans le piè-
> ge.»
> — «C'est peut-être ben par-
> ce que le piège pis le sac leur
> appartenont?...»
> Mariaagélas, ch. IV, p. 41

Nous sommes le 13 mars 1975. Les audiences de la Commission Cliche viennent de s'achever et les commissaires s'attaquent à la rédaction de leurs recommandations. On peut s'attendre à ce qu'elles soient tranchantes aussi bien au niveau syndical qu'au niveau gouvernemental. Ayant pris durement conscience du cancer de sa corruption, la population du Québec se sent peut-être mûre pour la chirurgie?...

Dans le petit restaurant du Vieux-Québec où le juge Cliche me parle du marathon qu'il vient de vivre, à la table voisine six jeunes femmes sont attablées. Fonctionnaires au ministère du Travail ou de l'Immigration, elles y célèbrent l'anniversaire d'une camarade. Soudain, l'une d'entre elles reconnaît le président, se lève pour lui serrer chaleureusement la main... «Lâchez pas, monsieur le Juge!» Puis, parmi les fleurs qui ornent sa table, elle choisit une petite marguerite blanche et la lui offre. Je m'essaie à traduire le symbole: «La pureté perdue du Québec?...» Robert Cliche sourit. Voilà l'éloquent mandat populaire qui, je le sens, lui va droit au cœur et le paie de l'écrasante responsabilité que les Québécois lui délèguent moralement par la voix pressante de l'opinion publique.

99

Qu'avons-nous vu en effet durant ces fébriles semaines d'audiences publiques:

1) *Une centrale syndicale vorace,* la F.T.Q.-Construction, qui a tenté par tous les moyens possibles d'obtenir le monopole de l'embauche sur les chantiers. Pour ce faire, elle y a systématiquement placé des bureaux de placement dirigés par d'anciens repris de justice (les deux tiers à la Baie James, la moitié au Mont Wright...). Ces fiers-à-bras touchaient de fabuleux salaires atteignant jusqu'à $60 000 versés par des patrons, complices qui croyaient ainsi «acheter la paix» sur les chantiers. Payés à ne rien faire, ces ex-bagnards non repentis y faisaient au contraire prospérer les loteries frauduleuses, les prêts usuraires et terrorisaient les travailleurs des centrales rivales. Et M. Louis Laberge, paraît-il, n'en savait rien...

2) *Des fonctionnaires véreux* qui se sont servis de leurs fonctions et de leurs pouvoirs pour faire prospérer des entreprises personnelles en soutirant des pots-de-vin de compagnies désireuses d'obtenir des contrats du gouvernement. Et leurs supérieurs hiérarchiques, paraît-il, n'en savaient rien... *Des ministres et des conseillers du gouvernement* qui ont fermé les yeux sur ces trafics d'influence, cette corruption et cette violence institutionnalisées. Tantôt parce qu'ils croyaient s'assurer ainsi dix années sans grèves à la Baie James. Tantôt parce que les fonctionnaires véreux impliqués coopéraient efficacement, par ailleurs, avec leurs propres habitudes de favoritisme partisan. Tantôt enfin parce que cette joyeuse racaille leur servait efficacement, en temps opportun, «d'honnêtes travailleurs d'élections»... Et M. Bourassa, paraît-il, n'en savait rien, ou bien avait oublié, ou bien manquait de preuves...

Détaillant avec moi ce triste tableau, Robert Cliche s'attarde peu sur les mesures radicales que la Commission préconisera ce mois-ci: suppression pure et simple des bureaux de placements sur les chantiers, démissions nécessaires de ministres, de fonctionnaires ou de syndicalistes qui ont perdu toute crédibilité aux yeux du public...

«La grande question qui me préoccupe, me dit-il, c'est celle de voir notre peuple privé de toute vision collective porteuse de nouvelles valeurs morales. Quand on ne possède plus en soi une «vision» haute et stimulante, on se remplit les poches, on se regarde les pieds, on fait de la politique à la petite semaine, on combine de façon miteuse: on ne dirige pas à long terme un État vers sa destinée. Et si, face à cette crise de la pensée, l'opposition se contente de crier, de jouer du tambour et de nous garantir sa vertu future, ce vide moral ne se trouvera pas comblé pour autant. Au contraire, ces excès verbaux irriteront nos Québécois, gens éminemment concis et qui jugent sur des actes plutôt que sur de belles paroles...

«Une communauté doit reposer sur la justice conquise en commun par un consensus populaire et non sur une justice parachutée ou imposée par la force. On fait la loi avec des principes qu'on se donne ensemble volontairement et démocratiquement, même si le prix à payer est élevé. Car un petit peuple minoritaire comme le nôtre doit vivre à *ses propres conditions* et non à celles de l'Amérique du Nord ou du Canada. Et ce prix à payer, c'est une certaine solitude; le temps de se réconcilier...

«Car depuis l'éclatement de la société traditionnelle québécoise, nous sommes demeurés profondément divisés. Nous ne nous entendons pas sur le système économique ou constitutionnel dans lequel nous voulons vivre. Devenus très tolérants ou indifférents en matière religieuse, nous ne nous sommes pas encore donné une nouvelle échelle de valeurs morales susceptibles de nous rassembler au-dessus des partis...

«Mais à l'heure d'aujourd'hui, nous n'avons pas réussi à faire le pas qui sépare la petite morale individuelle de la morale collective... Sur l'une des bandes enregistrées par la police, nous avons entendu deux «shylocks» se raconter avec vantardise leurs coups d'argent crapuleux. Tout à coup, l'un d'eux s'interrompt et dit à l'autre: «Excuse-moi, je dois conduire ma femme et mes enfants à la messe...»

«Longtemps, comme peuple, nous avons vécu isolés dans nos campagnes, rois et maîtres sur nos terres. Mais même braconniers à nos heures, nous vivions selon une loi populaire non écrite qui se transmettait oralement de père en fils et qui avait une très grande force morale. Arrivés en ville, nous avons reconstitué nos villages en forme de petites bourgades de quartier: Ville Jacques-

Cartier, par exemple. Pour survivre, nous nous sommes donné des lois. Mais le besoin du pouvoir a amené une distorsion de la loi originelle qui, elle, était ouverte au consensus populaire. Or, ces lois-là sont devenues celles des pègres de quartier, porteuses de valeurs complètement déviantes.

«Certes, la morale des puissants ne vaut pas plus cher et un monsieur bien habillé peut cacher une fripouille orgueilleuse. J'ai toujours senti d'ailleurs que le risque de la Commission était de faire passer notre action pour une opération antisyndicale. Mais au niveau éthique qui me préoccupe, je me dois d'être d'une sévérité et d'une exigence extrêmes pour ceux qui se prétendent les délégués des petits et des pauvres et qui se déguisent en apôtres pour abuser des plus démunis d'entre eux par le prêt usuraire, l'extorsion, le chantage ou les sévices corporels. »

Longuement dans la soirée, tandis que le Vieux-Québec s'assoupit, Robert Cliche me parle avec inquiétude, exigence et passion de la qualité du peuple qu'il nous faudrait enfin choisir d'être... Je m'en retourne en effeuillant la petite fleur blanche de notre honneur perdu. Mais je sais que le Québec possède un ami, droit et dur comme une épée, avec ce verbe chaud et imagé qui trahit surtout une immense tendresse...

LES CHÔMEURS, CES MAL-AIMÉS

Nous savons depuis quelque temps déjà que l'année à venir sera pour nous tous une année d'austérité. Les savantes arithmétiques de la fiscalité demeurent toutefois fort complexes aux yeux du citoyen ordinaire. Une réalité amère s'affirme année après année de façon lancinante. C'est le sentiment de frustration chronique des classes moyennes «trop riches» pour bénéficier des prestations de l'assistance sociale et «trop pauvres» pour se prévaloir de ces avantages fiscaux que les gouvernements doivent, bon gré mal gré, consentir aux grandes entreprises créatrices d'emplois de crainte (disent-ils) de les voir fermer leurs portes ou déménager ailleurs leurs pénates.

Ce sentiment de frustration, bien explicable chez une classe de la société qui se sent chroniquement coincée entre l'écorce et l'arbre, a amené un grand nombre d'entre nous à développer, ces temps derniers, une attitude de méfiance et de suspicion envers ces chômeurs de plus en plus nombreux et dont on nous dit que, de 237 000 cette année, ils augmenteront vraisemblablement encore de 20 000 l'an prochain. Comment, en effet, ne pas céder à la tentation insidieuse de croire que «certains abusent grassement de nos taxes» lorsqu'on en est presque rendu à «devoir faire vivre à ne rien faire» de 9% à 10% de la population au seul chapitre du manque d'emplois?

Pourtant rien n'est plus dépourvu en contenu humain que le langage abstrait des statistiques. Quelle commune mesure peut bien relier un taux «encourageant» de mortalité infantile et le sentiment d'une mère qui vient de perdre son enfant? Entre une froide statistique de chômage et l'insécurité quotidienne d'un quartier pauvre composé de petits salariés, de chômeurs et de mères nécessiteuses?...

Certes les apparences extérieures de cette pauvreté à visage nord-américain s'avèrent souvent trompeuses. D'où les préjugés tenaces qu'entretient contre les défavorisés la présence d'une grosse télé couleur dans un taudis ou d'une moto rutilante et vrombissante à la porte. Signes extérieurs de richesses éphémères, achetées à des crédits exorbitants et dont les propriétaires se voient périodiquement délestés par les saisies judiciaires. Quand on n'a pas d'autres horizons à contempler que le mur lézardé de sa cuisine et d'autre espoir d'évasion à caresser que ceux que font miroiter la trilogie quotidienne de l'astro-bingo-loto, on devient effectivement la proie idéale pour les colporteurs, les vendeurs d'assurances à domicile, les chaînes d'achats miracles, les ventes à tempéraments, les leurres sans cesse renouvelés de la publicité frauduleuse.

Car l'insécurité financière, avec les années d'inflation que nous traversons présentement, ne fait que s'appesantir de plus en plus sur les petits salariés et les chômeurs. Pour la grande majorité de ces travailleurs au salaire minimum, et en dépit des hausses successives consenties à ce dernier, c'est encore pour eux, au bout du compte, la semaine de 40 heures à $120. Cent vingt dollars pour un travail aux conditions pénibles et monotones, aggravées encore par le stress du travail à la pièce et des plans boni. Cette pression imposée au travailleur subsiste toujours, en effet, dans les plus bas emplois de l'industrie du textile et du bois: à 60 ans seulement, et après une course au rendement inaugurée souvent au seuil de l'adolescence, l'ouvrier ou l'ouvrière sont alors parfois «dispensés» du travail à la pièce par la «mansuétude» de la compagnie où ils ont souvent laissé leur santé. Peu nombreux sont en effet les petits salariés qui arrivent indemnes à l'âge de toucher enfin leur pension.

Dans ces dures conditions, le travail de la femme mariée ne se pose plus en terme de choix au niveau du couple. Il devient une nécessité impérieuse, quelles qu'en soient les répercussions sur la santé de la mère ou l'éducation des enfants: à $3 l'heure, on n'a pas les moyens de retenir les services d'une gardienne ou 104 d'une femme de ménage. Et puisque le travail de la femme s'est malgré tout généralisé, les employeurs en «tiennent compte» en établissant les hausses parcimonieuses du salaire paternel. C'est le cercle vicieux sans fin via la «libération des femmes».

À peine 35% des petits salariés québécois sont en effet syndiqués. Le 65% restant demeurent inorganisés, démunis et exploités. Des secteurs «sauvages» comme ceux de l'hôtellerie, de la restauration et de l'industrie du vêtement perpétuent des conditons de travail aberrantes dignes du misérabilisme des années '30. Aussi ne peut-on s'étonner du peu de «foi syndicale» rencontrée chez les plus mal pris d'entre eux. Allez donc parler de «grèves» à ces travailleurs qui voient se succéder sans arrêt, dans leur propre quartier, lock-out ou fermetures d'usine et où le nombre de fonctionnaires affectés à «chercher des emplois» pour les autres est devenu presque aussi impressionnant que celui des chômeurs eux-mêmes!

Comme, en outre, les premiers chèques d'assurance-chômage prennent environ cinq semaines avant de parvenir à leur destinataire et que, durant l'hiver, certaines industries ferment leurs portes pour des arrêts de production temporaires de deux ou trois semaines, l'endettement chronique devient alors le lot d'un nombre croissant de foyers où le père est ainsi touché par le chômage saisonnier. Quant aux jeunes travailleurs, même syndiqués, ces mises à pied sporadiques les pénalisent doublement puisqu'après cinq ans l'ancienneté demeure la clause de sécurité la plus intéressante au niveau de leur convention collective. Ainsi les jeunes seront-ils portés, plus que tous les autres, à refuser une offre de nouvel emploi car ils conservent toujours l'espoir d'être enfin rappelés par leur premier employeur, là où ils avaient précisément commencé à accumuler quelques années de service... Il faut savoir aller en profondeur au niveau de tels phénomènes avant d'accuser en bloc les chômeurs de parasitisme et de fainéantise.

Certes une meilleure compréhension et une attitude plus fraternelle de la part des mieux nantis ne signifient pas pour autant que les classes moyennes doivent encore consentir à faire perpétuellement les frais d'une mauvaise organisation sociale du travail. Sans être des 105 révolutionnaires, de plus en plus de gens préoccupés par les droits de la personne commencent à contester chez nous cette attitude dégradée du libéralisme économique qui consiste à utiliser à fond le travailleur tant qu'il « rapporte », pour ensuite l'abandonner à son sort lorsqu'il est jugé « improductif ». Comme le droit à la vie, à la santé ou à l'éducation, le droit à la dignité et à la stabilité au travail a grandement besoin d'être réaffirmé chez nous et de passer aux actes. Il est présentement question de tout cela au sommet économique qui, ce printemps-ci pour la première fois au Québec, veut regrouper à La Malbaie les instances gouvernementales, patronales et syndicales dans le but d'en arriver à une concertation efficace notamment sur ce douloureux problème du chômage. Une telle concertation exigera que chaque groupe consente à abandonner à la porte les préjugés tenaces qu'il entretient à l'égard de l'autre et à parler davantage de la souffrance réelle des hommes que d'oppositions idéologiques abstraites.

Félix Leclerc nous chante depuis quelque temps déjà que «la meilleure façon de tuer un homme c'est de le payer à ne rien faire»... Il faut tout mettre en œuvre pour que le sommet économique soit un succès au niveau d'une lutte victorieuse contre le chômage.

LA RETRAITE DE RAPHAËL

«C'est bien pour dire, me confiait Raphaël avec un petit sourire en coin, mais ça s'en vient à la mode d'être vieux! On parle de nous autres dans les journaux, à la radio, à la télévision. On fait même des vues d'amour avec des vieux! J'imagine qu'on est devenus à la mode en même temps que les huches à pain et que les lampes à l'huile d'anciennement: on ne sert plus à rien, mais on est curieux à regarder! Hier, il est encore venu un gars de l'O.N.F.: c'est rendu que, dans leur boutique, tout le monde veut avoir *son vieux*!»

Raphaël avait tort de dire qu'il ne «servait plus à rien»: charpentier de son état dans une région éloignée où les syndicats n'ont pas encore réussi à imposer la spécialisation de tout le monde en «poseurs de clous» ou en «poseurs de vis», Raphaël sait tout faire dans une grange ou une maison. Les jeunes menuisiers qui doivent restaurer ou rénover une vieille bâtisse viennent le consulter de partout parce que les techniques de construction de nos ancêtres n'ont pas de secret pour lui.

En outre, Raphaël, à 68 ans, a encore bon pied et bon œil. Il ne vacille pas le moins du monde sur son échafaudage. Enfin il habite toujours sa petite ferme du rang des Pieds-Croches. Depuis que Raphaël est veuf, son garçon Normand, qui travaille avec lui dans la construction, est venu habiter à la maison avec sa femme Noëlla et leurs deux filles, Carole et Diane. Raphaël peut donc, certains jours, prendre la vie plus aisée et confier un contrat plus pressé à Normand. De sa véranda, il peut alors se permettre de fumer tranquillement sa pipe en regardant les belles allées ratissées du potager où ses petites-filles ramassent des petites fèves et de belles tomates juteuses.

Oui, Raphaël est un vieux «intéressant». Journalistes, cinéastes et ethnologues vont sûrement me demander son adresse pour aller l'interviewer! Et puis Raphaël ne se fera pas prier parce que les Gaspésiens, comme dirait Gilles Vigneault, sont aussi «gens de parole et de causerie»... Raphaël leur glissera même, ici et là, quelque bonne blague pour les faire marcher: mais ça, c'est de bonne guerre quand on a affaire à des jeunesses de la ville.

Je dois cependant dire que la retraite de Raphaël s'annonce comme un destin exceptionnel: Raphaël, en effet, possède la santé, des relations humaines chaleureuses — sa famille — et valorisantes — les gens de son métier — et une vaste culture personnelle enracinée par une longue expérience de la vie dans un pays, un village, une histoire. À Saint-Michel tant qu'il le voudra, il n'y aura pas «d'âge de la retraite obligatoire» pour Raphaël: il est peut-être là l'un des derniers de la lignée des hommes libres et respectés.

La retraite de Raphaël, au fond, ressemble beaucoup à celle du professeur Bertrand dont il a construit le chalet il y a plus de trente ans.

Le professeur Bertrand était biologiste de son métier et ses travaux l'ont toujours amené à travailler au grand air, à se déplacer en forêt, à dormir sous la tente: cette rude existence lui a fait éviter bien des maladies de vieux! Ses travaux font encore autorité non seulement au Canada et aux États-unis mais aussi en Europe. Aujourd'hui retraité de l'Université, le professeur Bertrand voyage encore fréquemment à l'étranger pour donner des conférences. Quand il retrouve sa petite maison de campagne, c'est pour écrire ses mémoires, faire de la musique avec sa femme, recevoir des amis ou même d'anciens étudiants qui reviennent souvent lui demander conseil.

Louise Bonnier aussi connaît une retraite active et heureuse. Pourtant, veuve d'un employé des chemins de fer, elle a élevé toute seule, avec une vaillance peu commune, ses onze enfants: «À part les souliers, ma chère madame, je puis vous jurer que j'ai appris à tout faire à la main moi-même jusqu'aux camisoles et aux culottes de plastique des bébés!» Aujourd'hui, sa nichée presque tout envolée, Louise Bonnier n'a pas voulu rester les mains inactives: «J'avais tant travaillé, tant dû inventer, patenter pour arriver que je me suis retrouvée avec des fourmis dans la tête et les mains!» Avec d'autres femmes de son milieu, Louise Bonnier a donc fondé une coopérative d'artisanat dans sa région. Aujourd'hui leurs comptoirs régionaux sont florissants de créativité et, si vous côtoyez son kiosque au prochain Salon des métiers d'art du Québec, je ne sais ce qui vous séduira le plus chez elle: les teintes chaudes de ses courtepointes ou la vivacité de ses beaux yeux verts avec son drôle de petit chignon argenté...

Mais tous les vieux ne jouissent pas de la santé étonnante de Raphaël, du professeur Bertrand ou de Louise Bonnier. Certains non seulement ont déjà franchi le seuil du troisième âge mais ont même basculé dans la dépendance absolue du «quatrième âge», celui de l'impotence, des maladies chroniques et de la dégénérescence sénile: sur ceux-là, immense foule souvent oubliée, cachée et bousculée, on ne fera ni films ni interviews. Comme disait avec justesse le caricaturiste français Jacques Faizant, l'auteur des «vieilles dames»: «Mes vieilles dames sont généralement aisées. En outre, elles doivent se comporter comme des minettes, être dynamiques, prendre un verre de trop, tyranniser leurs maris, sortir vainqueurs de toutes les situations: le contraire — par exemple si elles étaient pauvres et solitaires — ne serait pas accepté du public; ce serait jugé trop morbide.»

D'autres retraités encore ont vécu toute une vie sans horizon, courbés sur des tâches répétitives, dures et monotones qui n'ont stimulé en eux ni initiative, ni créativité, ni intérêts susceptibles de meubler l'inaction forcée de la retraite obligatoire. Le vieux proverbe voulant que l'on finisse ses jours comme on a vécu reste vrai: un travail valorisant, stimulant et honoré laisse derrière lui une culture et des habitudes de vie qui orientent le travailleur vers des loisirs actifs et enrichissants. Mais un travail bêtifiant condamne presque à coup sûr son homme à des loisirs bêtifiants. Quand ce n'est pas à l'angoisse de la solitude, ou à l'ennui le plus mortel! River des boulons à longueur de journée, éviscérer un poulet à la minute, poinçonner des cartons sur une calculatrice: voilà des tâches que l'on accomplit en aspirant à la retraite comme à une délivrance! Mais des tâches qui, paradoxalement, préparent bien mal à la prise en charge de loisirs créateurs.

Enfin, beaucoup de retraités voient se défaire d'un seul coup, avec l'interruption de leur activité profession-nelle, tout le réseau de relations personnelles qui assu-rait leur insertion dans la chaîne des solidarités humai-nes. Ils découvrent avec effroi que «depuis qu'ils ne produisent plus rien, ils ne sont plus rien»! «Retraité» devient à leurs yeux un mot honteux qui signifie «inuti-le» ou «bon à rien»: ils le camouflent comme ils le peuvent, tel ce vieux comptable retraité qui allait encore se promener rue Saint-Jacques à dix heures le matin, un porte-documents vide à la main, pour faire croire à ses anciens collègues qu'il avait repris du service auprès d'une firme mystérieuse... Or ces retraités de l'an 2000, dont certains démographes nous annoncent qu'ils pas-seront, au cours des 30 prochaines années, de 8 à 18 p.c. de la population québécoise, que seront-ils? Aux-quels de tous ces retraités autonomes ou dépendants, heureux ou malheureux, ressembleront-ils?

Aujourd'hui, le fait d'être vieux n'est plus, comme autrefois, un exploit ou un phénomène que l'on honorait par un traitement exceptionnel dû à la sagesse et à l'ex-périence. Depuis la Révolution française — 1789 — l'es-pérance de vie des pays industrialisés a doublé sous l'influence de l'hygiène et du développement de la mé-decine. Que l'on songe simplement à la découverte des antibiotiques qui, à elle seule, a contribué à l'extension massive de l'espérance de vie de citoyens âgés qui, au-trefois, étaient précocement décimés par les infections respiratoires.

D'autre part, c'est dans ces mêmes pays industriali-sés et développés que l'on note aujourd'hui les taux de natalité les plus bas du monde. Le Québec est à cet égard un microcosme de ce phénomène. Avec l'avène-ment de la Révolution tranquille qui était censée, en quelques années, le faire passer d'un type de société ru-rale et traditionnelle à une société urbaine, industrialisée et moderne, son taux de natalité est passé du plus élevé au plus bas de toutes les provinces canadiennes. Indubi-tablement, les Québécois vieillissent terriblement vite et

ils doivent tous prendre conscience de «leur» problème

majeur du vieillissement: celui de cette retraite qui les attend inexorablement, quel que soit le groupe d'âge auquel ils appartiennent présentement.

C'est le chancelier Bismarck qui, en 1889, parla pour la première fois de l'âge limite de la retraite pour les travailleurs allemands: 65 ans. Au Canada, jusqu'en 1965, la retraite obligatoire se situait à 70 ans. Depuis lors, année après année, des campagnes d'opinion battent leur plein pour abaisser sans cesse cette limite d'âge: 70-65-60 ans. On parle même de l'abaisser bientôt à 55 ans selon certaines revues de gérontologie «d'avant-garde».

Ce mouvement s'explique en grande partie par une préoccupation bien légitime des centrales qui, jusqu'à tout récemment, avaient surtout regroupé des travailleurs du secteur privé voués à des tâches manuelles exigeant beaucoup de dépenses physiques ou d'endurance nerveuse. Comme, avec l'âge, ces travaux s'avéraient de plus en plus pénibles pour le travailleur et que ce dernier y risquait de plus en plus fréquemment la déclassification salariale, il était normal que son syndicat se préoccupât d'avancer le plus possible l'âge du repos bien mérité pour le vieux serviteur usé de la grande industrie et de ses cadences accélérées.

À l'avenir, cependant, cette tendance à l'uniformisation et à l'abaissement de l'âge de retraite risque d'avoir des conséquences désastreuses sur notre avenir collectif où 80 p.c. des Québécois sont des salariés. D'une part, les durs emplois manuels ont de plus en plus tendance à diminuer en nombre sous l'effet de l'automatisation et, d'autre part, les offres d'emplois dans les services publics grimpent en flèche. Aujourd'hui, en effet, on estime qu'environ 3 p.c. seulement des emplois sont requis pour l'alimentation et le ravitaillement; 17 p.c. des emplois concernant dorénavant les services publics et para-publics.

La conclusion s'impose d'elle-même: désormais tous ces citoyens fonctionnarisés et affectés à de tranquilles occupations de bureau ne s'useront pas physiquement à la même cadence que les travailleurs d'usine. À 55, 60 et 65 ans, si l'artériosclérose cérébrale les a épargnés, la plupart d'entre eux seront encore produc- 111 tifs, expérimentés et capables de fournir un excellent rendement. Les forcer à se retirer prématurément contre leur gré constituera donc à la fois une injustice cruelle et un manque à gagner impardonnable de la part d'une société qui voit d'année en année s'accroître de façon inquiétante le nombre de ses «assistés» vieillissants et diminuer celui de ses futurs contribuables.

Si ces citoyens âgés sont des cadres supérieurs lucides et travailleurs, qu'ils ne radotent ni ne tyrannisent leurs subordonnés, pourquoi ne leur ménagerait-on pas des emplois à temps partiel ou une retraite progressive à 60, 50 ou 40 p.c. de leur rendement antérieur? L'entreprise ne pourrait, à la longue, que bénéficier largement de leur vaste expérience.

Si enfin ces citoyens âgés sont des citoyennes que les maternités ont retenues au foyer jusqu'aux abords de la quarantaine, a-t-on songé qu'après un retour aux études ou un recyclage approprié ces femmes dans la force de l'âge, polyvalentes, attentives aux autres et riches d'une méthode de travail personnelle hors pair se retrouveront prêtes à inaugurer une seconde carrière qu'il serait insensé de vouloir leur faire interrompre prématurément quinze ans plus tard?

Le sort que nous faisons à nos frères et sœurs âgés est révélateur de la qualité morale de notre société. Les personnes âgées n'ont besoin ni d'isoloir pour se protéger, ni de plus de mesures qui accroissent chez elles une dépendance infantile. Elles ont besoin au contraire d'être gardées «parmi le monde» des vivants, des actifs et des bien portants le plus longtemps possible. Non seulement pour y côtoyer de la «belle jeunesse», mais surtout pour y rendre encore d'innombrables services. Toutes les mesures que nous déploierons pour les aider devront venir d'elles-mêmes et répondre à leur libre choix de citoyens. Ça ne devrait pas être à nous de décider pour elles à quel âge elles devraient se reposer une fois pour toutes. Car, comme me dit parfois Raphaël: «Pour un qui est fatigué de naissance, il y en a deux qui souhaiteraient mourir le rabot à la main!»

BIEN VIEILLIR, EST-CE POSSIBLE AUJOURD'HUI?

Le problème du vieillissement n'est pas un problème particulier pour lequel il faudrait trouver un remède spécifique. C'est un aspect d'un problème général. Ici, comme dans le cas de l'Histoire, on est victime des vieilles philosophies du progrès.

Fernard Dumont

C'est la société industrielle qui a tardivement inventé «le troisième âge» après avoir isolé «les jeunes» comme classe sociale distincte des autres. Il ne serait en effet jamais venu à l'idée de la société rurale préindustrielle de découper artificiellement de la sorte les âges de la vie. L'enfant, peu ou pas scolarisé, était souvent intégré très tôt à la société active des adultes. Le vieillard, de son côté, s'y maintenait habituellement jusqu'à la fin de sa vie, la simplicité des structures de travail de l'époque lui permettant presque toujours de se trouver quelque menue tâche adaptée à la mesure de ses forces déclinantes.

Depuis le siècle dernier, les exigences accélérées de la production et de la spécialisation en ont décidé tout autrement. Il existe désormais un tel âge de la vie où l'on *se prépare* exclusivement au travail par l'étude, un second où l'on *s'y adonne* à temps complet et un troisième où l'on *s'en retire...* souvent à regret. Toutes les valeurs de ce nouveau type de société étant désormais axées sur le rendement et la croissance (en régime capitaliste aussi bien qu'en régime marxiste), il allait inévitablement de soi que les deux groupes extrêmes exclus temporairement ou définitivement du réseau étroit de la production allaient être les premiers à manifester 113 de sérieux problèmes d'identité et de définition sociales: quand on ne *produit* rien, on *est* rien... À Chicago comme à Leningrad.

On ne compte plus, depuis quinze ans, les études sociologiques consacrées au «phénomène jeunesse», à ses manifestations de contestation ou à ses réflexes de marginalisation. Porté par les média et la publicité, le phénomène est devenu un véritable mythe: «l'interdit de vieillir» qui frappe désormais la symbolique commerciale (interdit redoublé lorsqu'il s'adresse à la femme) s'étend même à la recherche intellectuelle, à telle enseigne que la sociologie moderne a très peu produit d'études relatives à la maturité humaine. Dans notre propre milieu, l'ouvrage mi-philosophique, mi-poétique du sociologue Jacques Grand'Maison, *Au mitan de la vie* (Leméac, 1976), constitue sans doute l'une des rares amorces de réflexion touchant «l'âge de la production» chez l'homme.

Depuis deux ou trois ans, c'est donc au tour de l'autre extrême de la vie, la vieillesse, de se retrouver à brûle-pourpoint sous les feux de l'actualité. Depuis *La Vieille Dame indigne, Harold et Maude* jusqu'aux *Dernières Fiançailles* du cinéaste québécois Jean-Pierre Lefebvre, on ne compte plus, à l'étranger comme au Québec, les films récents mettant en scène des héros et des héroïnes âgées. L'année dernière, tout un ensemble de manifestations socio-culturelles et scientifiques consacrées au troisième âge ont concerté sous le thème de *L'Âge et la Vie* leurs moyens d'action dans le but non seulement de sensibiliser la population québécoise à la situation et aux besoins des personnes âgées, mais encore de l'amener à réfléchir à cette dernière étape de notre propre existence personnelle.

L'espérance de vie, dans les pays industrialisés, a plus que doublé depuis la Révolution française (1789). Chaque jour rend plus tangible cette réalité ambivalente d'une longévité qui s'est accrue rapidement au sein de nos populations, sans pourtant que la qualité de la vie et le rôle social des citoyens ainsi «prolongés» par les progrès scientifiques de la médecine s'en soient

sensiblement améliorés d'autant.

Il appartiendra aux démographes de raffiner le profil du vieillissement progressif de nos sociétés d'abondance simultanément frappées par le phénomène de la dénatalité. Quelques chiffres symboliques toutefois suffiront ici à illustrer notre propos. À savoir que si «les vieux» se sont subitement mis à occuper la une de nos journaux et le rôle titre de nos films, ce n'est pas par le fait d'un subit engouement de notre civilisation technologique pour leur soi-disant «sagesse»... Mais d'abord et avant tout parce qu'ils sont devenus omniprésents d'une présence silencieuse et obsédante qui exige de nous des comptes et de sérieux examens de conscience collectifs.

Au Québec en effet, 468 000 citoyens ont déjà franchi le seuil des 65 ans et constituent 7.8% de la population. En l'an 2 000, «ils» (ou plutôt: «nous») constitueront alors 18% de cette même population. Si, au XVIIe siècle, il fallait réunir les ressources de 17 contribuables pour soutenir une seule personne âgée totalement dépendante, cette charge se trouvait regroupée sur les épaules de 7 contribuables seulement en 1960 et, dès les années '80, le fardeau fiscal ne reposera plus que sur 5 personnes actives.

Pourtant, la situation au Québec est loin d'être la plus cruciale parmi celle des principaux pays occidentaux développés. Avec notre 7.8% actuel de personnes âgées, nous demeurons, pour un temps encore, le plus «jeune» parmi ces pays, loin derrière l'Autriche qui a déjà franchi, avec la gravité qu'il se doit, le seuil des 14.3%... Notre situation nous permet donc de bénéficier ici d'une certaine marge de manœuvre prospective dont ne sauraient user les pays où le vieillissement subit et massif de leur population a acculé les dirigeants à des solutions d'extrême urgence. À condition de redéfinir, pendant qu'il est encore temps, nos propres objectifs de vie en société, sans doute aussi pourrons-nous tirer profit des expériences de ces sociétés confrontées avant nous avec le problème et nous inspirer de l'évaluation qu'elles ont su faire des premières solutions qu'elles ont proposées et adoptées pour tenter d'y faire face.

Parmi les agents de cette réflexion collective, le médecin se situe à un point d'observation privilégié 115 puisque, faute d'attitudes préventives et de ressources palliatives adéquates, l'hôpital moderne devient progressivement à la fois le refuge et l'illustration vivante de toutes les misères physiques, psychologiques et spirituelles qui constituent, surtout en milieu urbain, le lot d'un trop grand nombre de personnes âgées et solitaires.

Actuellement, au Québec, les personnes âgées occupent en effet entre 25% et 50% des lits d'hôpitaux et les médecins généralistes leur consacrent 37% de leurs visites à domicile, Elles coûtent à l'État cinq fois plus que les moins de 65 ans en frais d'hospitalisation. Pourtant, est-il lieu de se le demander, leur qualité de vie s'en est-elle améliorée d'autant? Il est permis d'en douter lorsque l'on sait que, dans les foyers d'accueil où l'on reçoit celles qui «sont en bonne santé», ces dernières continuent de consommer en moyenne *sept pilules par jour...*

En effet, seulement 5% parmi les citoyens âgés interrogés déclarent aimer la retraite; à peine 12% regrettent l'âge mûr (48-65 ans); 20% leur jeunesse (15-28 ans) alors que 50% d'entre eux désireraient redevenir adultes et actifs (28-40 ans). Enfin, chez ces citoyens âgés qui ne représentent pas encore 10% de la population, se retrouve le taux alarmant de 25% de tous les suicides commis au Québec...

Près de 15% des personnes âgées d'ailleurs présentent des problèmes d'ordre psychologique et à peine 2.5% reçoivent les soins requis pour cet état. Chez cette catégorie de citoyens âgés de 65 ans et plus, 236 personnes sur 100 000 présenteront des psychopathologies alors que cette proportion tombe à 93 pour ceux qui sont âgés de 35 à 54 ans. La dégénérescence sénile ne suffit certes pas à expliquer pareil décalage...

En majorité, les vieillards qui doivent séjourner de façon prolongée à l'hôpital faute de ressources d'hébergement ou de soutien communautaire:

. sont des ruraux
.. catholiques
... de sexe féminin
.... qui reçoivent un supplément de pension (62%)

..... vivent au-dessous du seuil de la pauvreté

...... sont locataires («Plus on est âgé, plus on est locataire...»)

.... demeurent à domicile (92%)

.... ont tendance à se marginaliser à cause de leur isolement.

La simple liste de ces caractéristiques accumulées suffit en effet à réunir les conditions d'éclosion de l'inquiétant taux de psychopathologies diagnostiquées chez les personnes de 65 ans et plus. Mais surtout, elle nous convie à une réflexion plus poussée sur les causes profondes de cette étiologie anormale. Dès lors, c'est à une réévaluation des idéologies dont, consciemment ou non, se nourrit notre propre civilisation et de ses divers systèmes d'organisation sociale que nous nous trouvons progressivement amenés.

Dans un entretien intitulé «Les Âges de la vie» (Revue *Critère,* hiver 1977, numéro 16) l'écrivain Fernand Dumont met justement en relief ce paradoxe quotidien qui consiste, pour un État, à multiplier en apparence les allocations de toutes sortes (aux chômeurs, aux mères nécessiteuses, aux personnes âgées, etc.) tout en évitant systématiquement la confrontation réelle avec les personnes concrètes. Dumont donne aussi l'exemple du jeune «qui a des problèmes» et que l'on renvoie comme une balle, à l'orienteur, au psychopédagogue, au sexologue, au psychothérapeute sans que quiconque ne l'assume jamais totalement en tant que personne ayant des problèmes liés les uns aux autres. Ceci vaut donc pour les personnes âgées qui doivent s'adresser à des bureaucraties différentes et morcelées selon la nature de leur besoin le plus criant: selon qu'elles sont nécessiteuses, malades, grabataires, analphabètes, etc., mais qu'aucune politique globale de la vieillesse n'assume jamais en tant qu'êtres humains âgés ayant une place à eux dans la société des actifs. «On infantilise les vieillards en multipliant les services qui leur sont destinés, constate Dumont, mais on ne satisfait pas pour autant les besoins de sécurité et de reconnaissance qu'ils éprouvent en tant que personnes. Au fond, notre Révolution tranquille n'a peut-être été qu'une révolution bureaucratique?»

Cette incapacité d'assumer la vieillesse aussi bien en termes philosophiques qu'en termes politiques, Dumont l'impute à ce qu'il appelle les «philosophies du progrès» et où il range aussi bien le grand rêve libéral du «siècle des lumières» que celui du marxisme annonçant le bonheur d'une société achevée et désormais sans classes. Cette vision d'une histoire en perpétuel progrès («avec l'éducation, la croissance du P.N.B., le développement technologique et les réformes politiques, les choses vont aller beaucoup mieux», etc.) est, par définition, incapable d'intégrer une vision de la vie humaine qui ne soit pas parallèle à celle de l'Histoire. Or la vie humaine personnelle, d'expérience quotidienne, ne va pas vers le progrès, mais vers la vieillesse et la mort. Dès lors, quel autre choix ont ces idéologies du progrès sinon d'escamoter ou de nier cette finitude de la personne, de diluer le destin individuel dans celui de la société qu'elle voit en perpétuel progrès? Dumont, pour sa part, y voit l'origine de toutes les formes de totalitarisme.

«L'origine profonde de toutes les sociétés totalitaires, c'est le fait qu'on ne tient pas compte de la finitude de l'homme, qu'on veut ériger le monde humain en système, en prenant pour acquis que tout système social pourrait durer.»

Ces utopies pernicieuses, poursuit le philosophe, reportent constamment les hommes dans un monde où ils ne sont pas et les empêchent de vivre dans le présent. L'écolier aspire à la fin de ses études pour enfin accéder au monde du travail, l'homme mûr halète sous les responsabilités et aspire à sa retraite. Mais il découvre la plupart du temps que la retraite n'est ni un progrès, ni une libération, ni un achèvement personnel, mais la mise au rancart et le dernier sursis avant la mort. Insoutenable, cette vision personnelle ne peut donc être que niée ou occultée par les philosophies du progrès et les sociétés qu'elles engendrent.

C'est donc à la redécouverte du «sens de la vie», escamoté de la sorte par le mythe de la jeunesse comme

par «le sens de l'histoire» aussi bien capitaliste que

marxiste, que Dumont nous convie. Ce sens de la vie à redécouvrir, c'est celui des «recommencements» successifs qui, selon l'écrivain, correspondrait aux âges de la vie tout en intégrant, pour les croyants, l'intuition religieuse de la mort envisagée en termes «d'étape» ou de «nouvelle naissance». Déjà, en effet, nos sociétés commencent à nous donner l'exemple, au plan professionnel, de «recommencements» et de «secondes carrières» qui, précisément, tiennent mieux compte de l'évolution des ressources de la personne. Sans doute faut-il voir dans certains «nouveaux départs» de la maturité, et même du troisième âge, quelques signes avant-coureurs d'une radicale remise en question en ce domaine?

Depuis quelques années, poursuit-il, nos universités font preuve de souplesse à l'égard des personnes de 40 ou 50 ans qui, bien qu'elles n'aient pas fait de cours classique ou de cours de cegep, rêvent de faire une maîtrise en philosophie ou en lettres. C'est déjà un premier pas, mais je pense qu'il faut aller beaucoup plus loin. Considérons l'ensemble des occupations. Il est évident que certaines de ces occupations doivent être exercées par des jeunes. Par exemple à 60 ans, quand on ne sait pas le solfège, ce n'est pas le temps de commencer une carrière musicale. Tout le monde sait aussi qu'il faut être jeune pour entreprendre des études en mathématiques. Après 30 ans, on a moins d'imagination. Mais on a autre chose... D'autres occupations, par contre, ne devraient commencer qu'à des âges plus avancés de la vie. Par exemple, on ne fait pas des psychothérapeutes avec des enfants de 18 ou 19 ans! Ce qui se produit pourtant... On ne fait pas non plus des philosophes avec des enfants du même âge sous prétexte qu'il existe des facultés de philosophie et que la philosophie fait partie des options offertes aux finissants des cegeps! Il conviendrait de réserver ces occupations pour les personnes plus âgées. Ces dernières, dans ces conditions, n'iraient pas à l'université pour «faire du rattrapage», mais, comme les autres, pour se préparer d'une façon normale à des rôles qu'elles seront les plus aptes à remplir...

Platon disait qu'il fallait attendre d'avoir 40 ans pour se consacrer à la philosophie et je suis persuadé que Platon 119 ne croyait pas qu'en attendant pour être philosophe d'avoir 40 ans, on perdait nécessairement son temps!

Il y a une immense naïveté (à moins que ce soit une incroyable myopie) dans toute les incitations euphorisantes à la «préparation à la retraite» dont la publicité nous vante les loisirs futurs. Que peut bien signifier concrètement la «préparation à la retraite» dans une société qui ne fait plus, en termes de valeurs, aucune place aux personnes âgées dans son système d'évaluation? Préparez-vous (ou mieux: résignez-vous...) à devenir une bouche inutile? Joyeux programme en vérité, dans une vie moderne qui ne se définit plus autrement qu'en fonction de l'axe du travail. Car si, à la rigueur, cette société arrive tant bien que mal à tolérer ceux de ses membres qui «se préparent à travailler» (les jeunes) elle arrive de plus en plus mal au contraire à intégrer ceux «qui ne travaillent plus» (les vieux). Pour le sociologue Jacques Grand'Maison, c'est à cet axe du travail qu'il faut s'attaquer de toute urgence: la crise des jeunes et celle des vieux ne sont que les manifestations extrêmes de la crise actuelle du travail dans la société post-industrielle:

> L'école, le travail, la retraite. Voilà la sainte trinité de la vie moderne. Elle grandit aux deux bouts. En dépit des apparences, le drame principal est peut-être au centre. Bien sûr, l'école et la retraite nous inquiètent. On n'a jamais parlé autant des vieillards et des enfants. Ce peut être une façon d'éviter le cœur du problème. (*Critère*, hiver 1977, no 16)

Pour l'auteur de *Des milieux de travail à réinventer* (P.U.M., 1975), ce sont Taylor et ses disciples qui, les premiers, ont commencé à vider le travail des expériences humaines qui lui donnaient autrefois un sens. L'inventeur de la parcellisation et de la spécialisation des tâches a sonné le glas de *l'homme de métier*, de ce type d'homme riche d'habiletés souples, d'expériences toujours convertibles et qui survivait jusqu'à un âge avancé, comme personne respectée des siens, à la succession des tâches ou des nouveaux défis proposés. La fonction aujourd'hui a complètement dévoré l'homme.

Je n'ai pas connu d'homme de métier malheureux pendant leur retraite, affirme Grand'Maison. La plupart d'entre eux ont acquis une véritable expérience humaine dans leur travail. Ils se sentaient utiles et reconnus. Le sens dynamique du métier renouvelle, enrichit, rajeunit un homme. Vous pouvez changer dix fois de job, ou vous trouver un moment sans job; si vous avez du métier, vous serez mieux en mesure d'affronter la majorité des défis de la vie. Valéry est d'accord avec moi! *(Idem)*

Mais quelle retraite riche de «projets» nouveaux peut bien entrevoir aujourd'hui la travailleuse qui, grâce au taylorisme omniprésent dans nos entreprises modernes, éviscère un poulet aux 40 secondes sur une chaîne de montage? Celle qui, chronométrée par un contremaître, distribue des cabarets à des centaines de malades anonymes dans les interminables corridors d'un grand hôpital? Que leur restera-t-il de tous ces gestes automatisés, répétitifs et complètement déracinés de leur terreau humain lorsqu'aux approches de la soixantaine, on invitera ces mêmes travailleuses «à se préparer positivement à la retraite»? Vidée de l'intérieur, appauvrie à la limite du supportable, la «fonction» taylorienne, à son tour, a vidé et appauvri son propre exécutant, le laissant totalement dépourvu, démuni et passif devant le «recommencement» qu'impliquerait la «retraite réussie» dont lui parlent les campagnes publicitaires.

Pour Grand'Maison, à l'Est comme à l'Ouest, la pensée de Taylor a étendu sur le monde du travail une influence qui dépasse de loin celle qu'ont pu avoir un Adam Smith ou même un Karl Marx: même industrialisation technocratique des institutions, de la culture, de la politique, de l'école ou de la vie.

Même modèle de division du travail reproduit partout, seul étalon pour mesurer les hommes et les structures...

Un des plus beaux indices, constate-t-il, c'est le M.B.A. (Master in Business Administration) qui habilite à gérer n'importe quel champ institutionnel: un hôpital, une usine, une église, un réseau de marketing, une école, un ministère, une municipalité, une entreprise de construction, etc. Mais voici que ce modèle industriel de division du travail est en train d'éclater partout. Ce sont maintenant les conflits de travail... à la chaîne! *(Idem)*

Parce que Taylor a tué le travail et le temps proprement humains, personnels et sociaux, Grand'Maison est porté à voir d'abord dans le problème du troisième âge l'un des multiples aspects du vieillissement précoce qui frappe tout autant la jeunesse et la vie active que la retraite. Même en dépit de son idéologie contestataire, le syndicalisme actuel, dans ses pratiques quotidiennes, se donne malheureusement, bien qu'à son corps défendant, une orientation tout aussi taylorienne que le modèle administratif contesté: la convention collective devient, en négatif, un calque fidèle de la grille de division taylorienne du travail:

> On sait le «contre», constate Grand'Maison mais peu le «pour». Présentement, administrations et syndicats appartiennent à un même univers «social» qui fonde la sainte trinité évoquée plus haut. Je devrais dire un univers «a-social», «a-personnel». Il n'y a plus d'expérience humaine au travail et dans les autres secteurs de la vie. J'entends ici une expérience qui soit en même temps un savoir-être-vivre-penser-agir-partager: autre définition du métier. De plus en plus de jobs, de moins en moins de métiers. *(Idem)*

Cette double responsabilité de la dépossession de l'homme de ces habilités de base trouve son illustration dans le petit propriétaire urbain qui, non seulement ne maîtrise plus les pratiques d'entretien de sa maison (électricité, plomberie, menuiserie, etc.), mais encore se voit refuser par diverses législations du travail le simple droit d'accomplir lui-même ces tâches spécialisées... Cet exemple pourtant quotidien en dit long sur le genre de retraite qui attend ce simple citoyen condamné, dès sa jeunesse, par une conception éclatée du travail et par ce que Grand'Maison appelle «une dé-démocratisation des habilités de base», à terminer ses jours dans la passivité du téléspectateur ou la demi-somnolence du consommateur de tranquillisants. Le problème du troisième âge pour Grand'Maison comme pour Dumont c'est celui de tous les âges.

POUR ÊTRE EN SANTÉ, SOYEZ MALADE...

«Cette carte illustrée d'un soleil plastifié et qui vous est expédiée par le ministère des Affaires sociales vous donnera accès à 3 000 actes médicaux différents, mais elle ne vous donnera droit ni au soleil, ni à l'air pur, ni aux gymnases, ni à une alimentation saine, ni à la sécurité routière, ni à la salubrité de vos milieux de travail.»

C'est le docteur Guy Saucier, directeur du projet «Opération de la santé» au Centre hospitalier de l'Université Laval qui lance cette boutade. Le docteur Saucier s'exprime ainsi dans le cadre d'un colloque international et interdisciplinaire sur la santé organisé par la revue *Critère.* Pour la première fois au Québec, non seulement des biologistes, des médecins, des diététistes, des travailleurs sociaux, des psychiatres, mais aussi des philosophes et des écrivains s'interrogent sur le bien-fondé, les résultats et les contradictions de nos politiques actuelles en matière de santé.

Les diagnostics sont sévères, les paradoxes ne se comptent plus... Spécialisés dès le cours secondaire, sélectionnés ensuite sur la base exclusive de leur quotient intellectuel et de leurs résultats académiques en sciences fondamentales, les médecins d'aujourd'hui sont formés en vue d'une action rigoureusement individuelle et curative. Leur mode d'action habituel : la situation d'urgence qui entraîne automatiquement l'intervention chirurgicale ou la thérapie médicamenteuse. Conçu de son côté sur le modèle de la production industrielle, notre système hospitalier débite donc actuellement à des cadences de plus en plus accélérées des «actes» médicaux de plus en plus nombreux. Actes rémunérés «à la pièce», mais qui, évaluation faite dans le monde entier, amélioreraient peu l'état de santé général des populations étudiées... Et ici, grimaçant, Ivan Illich, l'auteur de *La Némésis médicale,* montre le bout de son oreille satanique pour suggérer 123 aux hommes qu'il vaudrait peut-être mieux, tout compte fait, se réconcilier intérieurement avec le caractère iné-luctable de la souffrance et de la mort. Et rentrer ensuite chez soi mourir entre parents et voisins compatissants après s'être administré soi-même en guise de thérapie, soit un bon vieil emplâtre de graines de lin, soit des sangsues aux chevilles...

Certes, il est d'observation courante que plus on est jeune, musclé, bronzé et bien portant, plus on est promptement disposé à envoyer à tous les diables méde-cins, antibiotiques, bistouris et respirateurs pour se tourner vers les cures naturelles de soleil, d'algues marines ou de savoyane... Mais que si l'on frise l'âge du pontage coronarien ou du cancer du col, on conserve alors plus facilement quelque estime envers cette méde-cine moderne tant décriée... Des statistiques déprimantes ont beau nous rappeler qu'il n'y a à peu près pas de dif-férence statistique de mortalité entre un groupe de fem-mes soumises systématiquement aux tests de dépistage du cancer du sein et un autre groupe qui ne l'a pas été, il suffit que vous, votre sœur ou votre meilleure amie ait été «dépistée» à temps par un tel procédé pour que vous consentiez allégrement aux élus du peuple l'autorisation d'affecter des sommes énormes à ce type d'investigation.

Mais une fois dénoncé ce faux débat trop facile qui opposerait médecine curative et médecine préventive, il faut consentir à aller plus loin et à se demander si la négligence chronique des gouvernants à l'égard des poli-tiques de prévention ne risque pas d'annihiler complète-ment à court terme les conquêtes indiscutables, mais trop circonscrites, de la médecine moderne.

«Mon travail est devenu absurde, déclare un prati-cien au cours d'une plénière de ce même colloque. Du-rant la journée, je vois défiler des patients obèses et malades auxquels j'essaie d'inculquer les notions élé-mentaires d'une saine diététique et d'une nouvelle hygiè-ne mentale. Eh bien, le soir, ces mêmes patients, assis devant leur téléviseur, vont voir défiler à toutes les dix minutes des commerciaux diaboliques qui leur suggè-rent tous de consommer encore plus de calories vides: liqueurs gazeuses, biscuits, bonbons, tartinage grais-seux, féculents de toutes sortes.» Si en effet la société ne protège pas les citoyens contre cette pollution incessante des esprits, le rôle du médecin se réduit à tenter de réparer tant bien que mal les pots cassés sans espoir d'agir jamais sur la cause véritable des maux qu'il prétend guérir.

Ce raisonnement vaut à tous les niveaux : nous vivons entourés de poisons et de dangers de toutes sortes contre lesquels une société axée sur la poursuite exclusive du profit de ses grandes sociétés alimentaires, automobiles ou industrielles, ne se soucie aucunement de nous protéger. Elle laisse les grandes brasseries récupérer le patriotisme québécois dans leurs publicités télévisées, mais n'exige jamais d'elles en retour qu'elles préviennent le consommateur québécois qu'il risque la cirrhose du foie (mortelle et incurable) dès qu'il outrepasse telle dose quotidienne de bière.

Elle laisse, au nom du sacro-saint libéralisme économique, des produits hautement toxiques et des médicaments dangereux en vente libre, sans obliger les producteurs à prévenir la population des périls qu'elle court. Ainsi, le commerce lucratif des médicaments brevetés en vente libre dans tous les supermarchés, restaurants ou tabagies est à lui seul responsable (et ce n'est qu'un exemple) d'un grand nombre d'hémorragies digestives graves dues à la simple consommation contre-indiquée d'aspirine.

Enfin, elle tolère que circulent librement sur nos routes des chauffards criminels et inconscients dont la matière cérébrale s'avère chaque jour inversement proportionnelle à la cylindrée de leur véhicule.

Tant que les Québécois n'auront pas converti leurs mentalités de dépendants à l'égard du «médecin-grand-prêtre-magicien-et-confesseur», tant qu'ils demeureront de passifs consommateurs d'actes médicaux gratuits distribués par un État paternaliste pour apaiser la révolte des travailleurs empoisonnés au mercure, au plomb, au chlorure de vinyle ou à l'amiante, ces mêmes Québécois continueront d'être les Canadiens les moins bien portants et les plus ignorants au sujet de leur propre corps.

Mais la reprise en main de leur autonomie corporelle passe par la définition d'une nouvelle politique globale de la santé. Tant que nous n'aurons pas défini nous-mêmes nos propres objectifs, tant que le modèle hospitalier demeurera la seule façon d'aborder les questions de santé, et la «castonguette» du docteur, la seule voie d'accès à ses services, alors nous continuerons d'avoir à devenir d'abord «malades» pour pouvoir pénétrer dans les lieux où on se préoccupe de «santé»!

UNE QUESTION DE FIERTÉ

Dans une scène de la série télévisée *Duplessis* présentée au réseau français de Radio-Canada, le chef malade et hospitalisé (Jean Lapointe) risque de faire une crise d'étouffement mortel. Lors de la visite amicale que lui rend son adversaire politique d'alors, le premier ministre Adélard Godbout. Au cours de la conversation, ce dernier en vient à exprimer devant Duplessis son peu de foi dans la fierté et la détermination de vivre des Québécois: «Sans les Anglais du fédéral, estime Godbout, nous ne parviendrons jamais à réaliser rien de bon par nous-mêmes»... Nous sommes en d'autres termes «trop moches» en tant que peuple, pense-t-il, pour réussir à gérer convenablement nos propres affaires. Sous l'insulte, Duplessis s'étrangle d'indignation: «Dis jamais du mal de nous autres, Adélard! Si on est descendu si bas que ça, c'est pas de notre faute!»...

Il faudra garder ces deux répliques en mémoire lorsque nous prendrons pour la première fois possession de ces milliers de kilomètres de lacs et de rivières, hier encore réservés aux clubs privés de chasse et de pêche. Car nonobstant les nouvelles dispositions de la loi, le débat est loin d'être terminé. D'un côté, les tenants victorieux et sereins de la démocratisation normale des territoires. De l'autre, les alarmistes de l'écologie prophétisant l'extermination à brève échéance de notre faune abandonnée tout à coup sans protection aux hordes gourmandes et indisciplinées des Québécois.

Les prophètes de malheur, il est vrai, ne manquent pas d'arguments et lourdes sont les pièces qu'il leur arrive parfois de verser au dossier noir de la pollution. Qui n'a pas entendu l'histoire de cette jolie rivière privée, hier encore limpide et poissonneuse, aujourd'hui transformée en cimetière de sacs de *chips* et de cannettes de bière? Ou de ce lac perdu où fourmillaient jadis la truite et l'achigan et que des gens «bien de chez nous» ont fait sauter à la dynamite pour ramasser ensuite à pleines poches les cadavres des malheureux poissons privés à tout jamais de postérité. Ces sinistres histoires amènent une eau trouble au moulin des Cassandre de notre avenir collectif. Serions-nous viscéralement, ainsi que le pensait le Godbout de l'émission, un peuple d'éternels irresponsables, d'incorrigibles gaspilleurs, d'indécrottables individualistes incapables d'assumer seuls nos propres défis collectifs?

Ou alors, ainsi que le criait Duplessis malade, y aurait-il à ces comportements accidentels et suicidaires des explications historiques plausibles? C'est ce que défendent actuellement les avocats du «déclubage» et de la démocratisation des loisirs. Les Québécois, estiment-ils, apprendront à s'autodiscipliner et à respecter leur environnement le jour où ils seront persuadés que leur environnement leur appartient et qu'ils sont maîtres chez eux. On a toujours tendance, disent-ils, à mieux prendre soin de ses propres affaires que de celles des autres et le comportement destructeur du braconnier s'explique souvent par le fait qu'il exerce ses ravages en terre étrangère. Qu'importe, en effet, au villageois rusé d'abattre un orignal femelle hors saison pour remplir son congélateur familial, s'il se sait sur le territoire de «gros Américains riches»? Qu'importe de capturer le saumon remontant vers sa frayère si ce même braconnier s'est aventuré clandestinement dans une rivière privée où ni lui ni ses enfants ne remettront plus jamais les pieds?

Aujourd'hui, toutefois, la page est bel et bien tournée: ces immenses territoires nous appartiennent désormais et leurs richesses naturelles constitueront un héritage collectif inestimable pour nos enfants. Mais attention, ce ne seront plus les gardes-chasses payés par des millionnaires étrangers ni les barrières élevées par les clubs privés qui protégeront dorénavant notre faune. Ce sera la qualité de conscience individuelle de chacun et de chacune d'entre nous lorsque livrés à nous-mêmes, sans témoins au milieu de ces vastes espaces solitaires, 128 nous choisirons d'adopter ou non des attitudes adultes et respectueuses de l'avenir à long terme de notre patrimoine.

Chacun d'entre nous, à l'heure qu'il est, doit se faire en la matière éducateur et propagantiste. Des exemples entre mille autres? On ne coupe pas inconsidérément n'importe quelle sorte d'arbre sous prétexte de se faire un feu, car certaines sont rares et précieuses. On épargne la fleur fragile des «sabots de la Vierge» parce que son espèce est actuellement menacée de disparition. Pas de razzias abusives non plus dans l'ail des bois qui ne se reproduit que très lentement. On ramasse minutieusement tous les déchets qui ne sont pas biodégradables car plusieurs d'entre eux, non contents d'abîmer le paysage, constituent un danger certain pour les animaux sauvages. Sus donc aux affreuses cannettes rouillées, aux tessons coupants des bouteilles brisées, aux papiers gras et aux «kleenex». On ne jette jamais non plus son eau savonneuse de vaisselle ou de toilette au lac ou à la rivière car les détergents en débalancent la flore bactérienne naturelle. La liste s'allonge à l'infini...

Et à plus forte raison, apprendre à respecter aussi les limites de prises et les calendriers autorisés pour la chasse et la pêche devient, à partir de maintenant, une question de fierté et d'honneur. Car c'est aussi à la manière responsable dont nous saurons désormais user de notre liberté nouvelle et nous montrer maîtres chez nous sur nos terres que les étrangers jugeront si nous sommes désormais devenus un peuple adulte et réfléchi. Un peuple normal qui n'a plus besoin, comme on l'a longtemps prétendu, de béquilles et d'enclos pour se tenir debout et poser des choix.

UNE PÈGRE À NOTRE IMAGE

L'un de nos ex-confrères journalistes, Jean-Pierre Charbonneau du *Devoir* (aujourd'hui député à l'Assemblée nationale), publiait aux Éditions de l'Homme un énorme ouvrage documenté à saveur de roman noir: *La Filière canadienne*. La filière canadienne, en l'occurrence, c'est l'histoire du trafic des stupéfiants au Canada depuis les années '30 jusqu'à nos jours.

Dans *La Filière canadienne*, on apprend que les soupçons de la police se concentraient, dès le début des années '50, sur le rôle clé détenu par l'illustre trafiquant Lucien Rivard... Mais on voit aussi qu'il faudra aux policiers patienter quatorze longues années avant de réussir à inculper «l'homme d'affaires» montréalais dont l'évasion spectaculaire de la prison Bordeaux devait demeurer célèbre dans nos annales policières.

Le même scénario se reproduit encore aujourd'hui: les activités du gang Violi-Cotroni, et celles des frères Dubois, toutes deux révélées au public lors des audiences de la CECO, étaient pourtant connues de la police depuis près d'une vingtaine d'années. Pourquoi alors, se demande le citoyen ordinaire, la police n'agit-elle pas? Ne lui procure-t-on pas les moyens efficaces d'arrêter tous ces malfaiteurs? Ou alors les pouvoirs politiques et judiciaires sont-ils à ce point infiltrés et corrompus que les bandits les plus notoires s'en tirent toujours indemnes? Avec Jean-Pierre Charbonneau, j'ai tenté d'esquisser un début de réponse à ces deux questions.

Tout d'abord, précise notre collègue, il convient de distinguer préalablement la pègre de la maffia. La pègre désigne globalement tout le milieu du crime, mais un «milieu» inorganisé et qui comprend une infinité de «gangs» agissant indépendemment les uns des autres. La *maffia,* elle, est au contraire très structurée selon une pyramide rigoureuse comprenant de multiples embranchements internationaux. Or la police, lorsqu'elle agit, poursuit toujours des individus ou des groupes précis : elle ne peut avoir d'action corrective sur le « milieu » lui-même de la criminalité. Celui-ci constitue davantage un problème social qu'un problème policier. On peut donc demander à la police d'arrêter tel criminel ou de démanteler tel groupe : on ne peut cependant exiger d'elle qu'elle enraye le phénomène de la criminalité.

Seconde considération, la police constitue un service public bien identifié qui travaille au grand jour. Ceci représente donc pour elle un handicap sérieux lorsqu'elle doit lutter contre un milieu interlope qui agit dans la clandestinité. Pour mener une action efficace, contre les trafiquants de drogue par exemple, la police a donc besoin d'informations. Or elle ne peut obtenir de renseignements précis sur ces activités criminelles qu'en utilisant des techniques qui répugnent spontanément au grand public : l'infiltration d'agents doubles dans les milieux du crime ou la collaboration avec des informateurs issus de ces milieux eux-mêmes et qui acceptent, soit par désir de vengeance soit pour obtenir une réduction de sentence, de se livrer à la délation.

Quant à l'écoute électronique, il faut bien reconnaître qu'elle a constitué le fer de lance de la Commission Cliche et de la C.E.C.O. en leur fournissant leurs matériaux les plus accablants. Même si le juge Cliche lui-même s'est défendu personnellement d'avoir ordonné l'espionnage électronique, il a par ailleurs abondamment cité, dans son rapport, des conversations entregistrées préalablement de cette façon. Quant à la C.E.C.O., elle n'est devenue vraiment efficace que le jour où elle a consenti à mettre le prix de cette efficacité. On comprend certes les craintes de la Ligue des droits de l'homme à l'endroit de cette technique car il serait odieux qu'on en vienne à espionner des gens pour leurs options politiques. Aussi la loi actuelle prévoit-elle des normes très strictes de contrôle de cette technique dont on ne saurait désormais se passer dans la lutte contre le crime organisé. Car s'il faut protéger les militants politiques, il faut protéger également tous ces travailleurs et ces petits commerçants terrorisés par les représailles de la pègre.

Quant à la C.E.C.O., elle devrait devenir permanente, pense Jean-Pierre Charbonneau. Dans le domaine du crime, un grand ménage tous les 25 ans ne suffit pas. Sinon, on ne coupe la tête à une organisation que pour en laisser proliférer une autre: tandis qu'on pourchassait la maffia italienne dans l'Est de Montréal, à Saint-Henri, l'empire des Dubois pouvait s'agrandir en toute tranquillité.

Le monde de la pègre, poursuit Jean-Pierre Charbonneau, ressemble comme un frère jumeau au monde des affaires à cette différence près qu'il s'occupe, lui, d'affaires illégales et criminelles. Ceci dit, il procède exactement comme procède le monde des affaires: il recherche des appuis en haut lieu. Sans de gros appuis, pas de grosses affaires, c'est la loi de la société de libre entreprise... Bien sûr on n'«achète» pas en bloc un gouvernement; on n'essaie pas non plus d'obtenir la protection d'un politicien pour une affaire de drogue, ce serait, avouons-le, un peu gros!... Par ailleurs on achète en pièces détachées la protection d'un député ou d'un juge par-ci par-là, avec persévérance, avec discrétion surtout. Et ce, pour une affaire qui possède une bonne couverture: par exemple une maison de jeu camouflée en bar-salon. On obtient cela, par exemple, en échange de «services» rendus à l'occasion d'une élection. Car il est bien connu hors de tout doute que certaines *jobs* d'élection requièrent une expérience criminelle. L'affaire Laporte c'était cela: on laissait le principal intéressé dans cette sorte de semi-ignorance qui lui permettait de jouer les Ponce Pilate. Pendant ce temps, ses organisateurs, sachant qu'il ne «chercherait pas à savoir», embauchaient pour le faire élire des truands professionnels.

Notre société fonctionne ainsi: les fraudes d'impôt, les pots-de-vin sont devenus monnaie courante dans le monde des affaires les plus légales et les entreprises les plus honorables souscrivent fidèlement aux caisses électorales des partis. Notre pègre se contente d'en faire autant. Elle n'a donc rien inventé de bien diabolique, elle s'est contentée d'aligner ses procédés sur ceux que pratique couramment notre société juste. La preuve: l'enquête sur la viande avariée n'incriminait à peu près

aucun membre de la pègre: il ne s'agissait là que d'hommes d'affaires très ordinaires d'une tranquille et parfaite immoralité... La pègre a donc bien appris sa leçon. Et ce mimétisme lui a si bien réussi qu'il nous est désormais impossible de la démasquer sans démasquer notre propre immoralité. Sans nous obliger à reconnaître que c'est nous «d'abord» qui avons mis sur pied, dans notre «monde des affaires» ce code farouche de concurrence et de monopoles effrénés, cette loi de la jungle où le règne du plus fort écrase chaque jour les petites entreprises et terrorise les employés sans voix. «*Crime is an american way of life*» disent nos voisins du Sud les plus lucides. Nous en sommes pratiquement là.

ÉTÉ '76 : C'ÉTAIENT LES OLYMPIQUES

Nous sommes en mai : je vois éclore les premiers bourgeons par-dessus ma corde à linge. Les Montréalais, autour de moi, épient eux aussi une éclosion bien moins réjouissante : celle du déficit olympique qu'on leur révélera à petites doses jusqu'après la tenue des Jeux. Ensuite seulement pourra-t-on envisager de leur administrer une «dose de cheval»...

Avec les premiers bourgeons, les journaux de ce matin parlaient déjà d'un coût de $825 millions pour le seul stade ($9 000 du siège...). Un stade qui devait initialement coûter $125 millions et qui était réévalué l'automne dernier à $560 millions «en raison de l'inflation et autres impondérables».

C'est le *froid,* doit-on lire sans rire ni sourciller dans le *Montreal Star,* qui constituerait le plus «sérieux» parmi ces impondérables! Le chauffage du chantier cet hiver aurait en effet coûté à lui seul $80 millions, soit le prix total de la construction de tout l'Astrodome de Houston au Texas! M. Taillibert, mal informé, j'imagine, aurait-il élaboré des devis et des soumissions pour un stade californien? Voilà cependant un «impondérable» qui n'aurait pas échappé à la première ménagère québécoise venue si on avait songé à la consulter. La moins douée d'entre nous sait fort bien que, dans un budget familial normal, les mesures anti-froid (construction, isolation, chauffage, vêtements, couvre-chaussures, etc.) accaparent bon an mal an 40% de nos dépenses... Et il faudrait voir la tête de nos maris-pourvoyeurs si d'aventure nous avions le culot de leur annoncer à l'orée de l'automne : «Désolée, mais au lieu de $125 pour habiller Pierrot et Josée, je vais avoir besoin de $560 : vois-tu, il m'est arrivé un «impondérable» : je n'avais pas prévu qu'il ferait froid cet hiver!...» C'est pourtant ce genre de propos dignes d'une comédie de boulevard que les Montréalais ont dû encaisser depuis deux ans

134

de la part du grand visionnaire qui leur tient toujours lieu de maire. À l'ouverture des Jeux, en effet, le stade non complété leur aura déjà coûté $700 millions auxquels il faudra ultérieurement ajouter encore $125 millions pour la construction du mât et la pose de la toiture escamotable: $125 millions c'est le prix initialement prévu, plus $5 millions pour le stade au complet... Le stade aura donc coûté sept fois son prix d'origine, le vélodrome trois fois, le village olympique trois fois... L'inflation a le dos bien large...

Bien sûr, vous me lisez en juillet... peut-être, qui sait, l'euphorie olympique vous a-t-elle momentanément entraînés dans sa spirale ascendante? Peut-être me trouvez-vous terriblement rabat-joie: «Vous auriez pu écrire ces choses-là à l'automne, après le départ des «étrangers»: quand on reçoit des gens chez soi, on ne clame pas à haute voix le prix du gigot!»

Eh bien non, justement! j'ai tout au contraire envie qu'à la face du monde, et à la face plus particulièrement de nos invités en provenance des pays en voie de développement, des Montréalais sensés, et des femmes préoccupées d'abord de qualité de vie, se dissocient bruyamment de ce genre d'apothéose démentielle du développement auquel le citoyen ordinaire aura si peu de part dans une vie quotidienne à laquelle il devra bien retourner, une fois les Olympiques terminées...

Le Montréalais ordinaire et maintenant le citoyen du Québec et peut-être même celui du Canada entier. À tous les échelons de gouvernement les budgets futurs portent et porteront longtemps la marque de la grande saignée olympique de 1976. Un exemple pris entre mille au Québec: les restrictions draconiennes du crédit agricole pour l'installation des jeunes agriculteurs. Et on prévoit que les dépenses de ministères tout aussi vitaux que la Santé et l'Éducation vont, elles aussi, entrer dans une ère de compression et d'austérité jamais vue depuis la Révolution tranquille.

Les exemples foisonnent: à Montréal, depuis des années, des militants soucieux du mieux-être de nos citoyens âgés réclament pour eux des transports à prix réduits, des réseaux de services de soins et de ravitaillement à domicile, des popotes roulantes, etc.

135

D'autres, alertés par les menaces multiples que font subir à notre environnement urbain la surpopulation, le bruit et la pollution, s'attaquent tantôt à l'incurie criminelle des grandes industries polluantes, tantôt à la rapacité des promoteurs immobiliers qui détruisent quartier par quartier tout le tissu humain de la ville.

À tous ces rêveurs d'une ville sans grandiloquence mais propre, aérée, accueillante aux promeneurs, aux cyclistes, aux enfants, aux vieillards et aux familles nombreuses, à tous ceux-là, on répond invariablement: «Vous pelletez des nuages: vos réformes et vos projets coûtent bien trop cher!»

Mais pour quinze jour de délire télévisé aux quatre coins du monde, on aura consenti froidement à une hécatombe progressive de $1,5 milliards de dollars...

Moi, durant ces quinze jours-là, je vais, en signe de protestation, m'enfermer chez moi pour repeindre ma cuisine: c'est la pièce où nous six vivons, mangeons, étudions, cousons, écrivons quotidiennement.

Ensuite je m'attaquerai à la chambre de Bruno qui a besoin de rénovation: un adolescent apprécie un vaste plan de travail pour étudier et bricoler. Si je m'en tire correctement dans mes dépenses, je devrais ensuite être en mesure de faire installer un filtre à poussière sur la fournaise et faire mettre de la moquette à l'épreuve de l'humidité dans la petite chambre du sous-sol qui sert à grand-maman lorsqu'elle vient de Québec passer quelques jours auprès de nous. Mais je suis certaine d'avance de n'être pas en moyen, une fois la chose faite, de donner ensuite un garden-party de cent couverts!

Si vous venez chez nous cet été, vous ne verrez donc rien susceptible de vous épater: pas une pièce qui ait le tape-à-l'œil des grands magazines de décoration moderne. Mais si vous y séjournez quelque temps, à défaut de photos époustouflantes, vous rapporterez peut-être quelques souvenirs de bien-être. Vous vous rappellerez que, depuis le coffre à outils du père de famille jusqu'aux jouets du petit dernier, chaque chose occupe une place prévue pour que chacun puisse s'épanouir sans nuire aux autres et qu'il y a, de-ci de-là, des aires prévues, non seulement pour le travail fonctionnel, mais aussi d'autres pour le repos ou la contemplation d'un peu de verdure ou de beauté... Ce n'est pas bien sorcier : des milliers de femmes planifient ainsi spontanément la vie quotidienne dans leurs maisons. À coup d'économies bien placées.

Qu'attend-on, grands dieux, pour en faire des mairesses ?

L'INSUPPORTABLE CRI DU FRÈRE UNTEL

Si la conférence prononcée la semaine dernière par Jean-Paul Desbiens avait été celle d'un homme politique ou d'un sociologue, on aurait eu cent fois raison de la récuser d'emblée pour crime de lèse-stratégie ou de lèse-objectivité. On ne démoralise pas à dessein ses troupes quand on aspire à la victoire. On ne généralise pas d'un trait de plume la somme de quelques comportements individuels quand on prétend faire œuvre de science.

Mais voilà le hic: le frère Untel, tel un petit cygne d'Andersen égaré par mégarde au pays des canards, reste viscéralement un écrivain. Et ce qui plus est, un écrivain d'une race et d'une sensibilité traditionnellement encombrantes et difficiles à vivre: celles des prophètes de malheur. Au temps d'Astérix, les Romains n'y allaient pas par quatre chemins: mission accomplie, les porteurs de mauvaises nouvelles étaient zigouillés sur la place publique. Au temps du siège de Troie, les lamentations de la petite Cassandre avaient le don de casser les pieds et l'enthousiasme de ses grands frères soldats. Et Bernanos, le noir, le fuligineux, l'excessif Bernanos, l'a-t-on assez boudé et vomi aux heures prétentieuses de la littérature *cool*.

Et Soljenitsyne donc...

Pourtant les prophètes de malheur ont une importante fonction d'exorcisme social à jouer: nous révéler à nous-mêmes, en les grossissant, les caricaturant et les poussant à bout, les germes d'angoisse que nous portons tous au cœur de notre action... Car qui d'entre nous prétend encore poursuivre ce long combat québécois avec la tranquille assurance du croisé en train de prendre son rang pour le défilé? Certes, au Parti Québécois, on a parié pour l'espoir et on n'entend pas revenir sur les termes du contrat.

138

Mais pour certains d'entre nous, ces germes de peur mal identifiée, d'inquiétudes trop peu souvent verbalisées se sont révélés, à l'usage, facteurs de démobilisation. Aussi, quand le frère Untel nous jette au visage certaines images crues de nous-mêmes que notre triomphalisme cherche secrètement à occulter dans la réalité quotidienne, il exerce un rôle de décapant dangereux, corrosif, mais peut-être nécessaire. Confrontés chaque jour à une problématique dualiste de luttes où il y a nécessairement des «bons» et des «méchants», une gauche contre une droite, des bourgeois contre des travailleurs, les anglophones contre des francophones, nous refoulons sans cesse, par souci d'efficacité et de solidarité, cette terreur viscérale d'être nous-mêmes déjà envahis par les germes de la défaite. C'est ce que hurle sans égards ni nuances le frère Untel: «Ce n'est pas le capital, ni l'Anglais, ni la droite qui risque d'avoir notre peau c'est notre propre «quétainerie»: c'est cela qui vous attend, vous risquez de périr tous vautrés dans le Pepsi et les TV dinners!» C'est la reprise, via d'autres symboles, du graffiti indécent de la grande murale: «Vous êtes pas tannés de mourir, bandes de caves?» N'y verra-t-on, encore une fois, que l'indécrottable petit complexe du colonisé? Et devant les premiers symptômes de notre déculturation, n'aurons-nous pas d'autre forme de courage que celle de l'inconditionnelle fuite en avant?

Non, il faut le dire, les organisateurs du Parti Québécois se tromperaient en allant puiser leurs prochains slogans de campagne électorale dans la prose du frère Untel! Elle est à proprement parler insupportable... Mais je dis qu'il faut savoir l'écouter et l'accueillir avec tout ce qu'elle a d'excessif, ne serait-ce que pour s'administrer de temps à autre, en privé, sa propre et salutaire *cry therapy*...

Il faut de toute façon sans cesse prêter l'oreille au langage de nos écrivains. Même celui des acariâtres, des revêches et des rabat-joie. À plus forte raison, celui des visionnaires.

On sait, en effet, ce qu'il advint de ce gouvernement Bourassa qui se disait le nôtre pour n'avoir jamais su intégrer à ses rapports comptables le moindre petit

cri du cœur, la moindre larme de poète, la moindre pro-
phétie de mage fourvoyé dans notre époque...

TROISIÈME PARTIE

Femmes d'ici

DEPUIS ESTELLE,
JE VOIS LES TEMPS CHANGER

J'ai conservé de mon enfance et de ma jeunesse certaines images des femmes de l'époque. En les réunissant, il en surgit une sorte de fresque qui reproduit la saisissante évolution de la femme, depuis les années quarante jusqu'à nos jours. Au moment de la seconde guerre mondiale, j'avais sept ans. C'était l'époque où, bon gré mal gré, il fallait délaisser les débats abstraits sur la Femme éternelle pour remplacer à pied levé, dans les usines d'armements, les conscrits par des travailleuses. Mais à sept ans, l'on n'est pas encore mûre pour discuter du salaire égal/travail égal.

À sept ans par contre, tous sens ouverts au réel, on commence tout juste à identifier ses premières impressions. Le corps de la femme, c'est-à-dire celui de ma mère à la fin des années trente, m'apparut alors dans un éblouissement total. Dégageant au retour du jardin l'odeur capiteuse des seringas, il se déployait dans la pénombre de nos chambres pour en ouvrir les persiennes au soleil. Et quand elle se baignait, fouettée de plaisir par l'eau glacée du fleuve, les yeux de mon père la couvaient d'un regard amoureux dont nous étions tous complices...

De la forteresse dédaigneuse de leur superbe entente, mon père et ma mère semblaient professer que l'épanouissement de la femme procédait directement de l'amour de l'homme. J'en déduisis donc à sept ans que le mariage constituait pour moi le plus sûr chemin pour parvenir à marcher un jour sur les traces royales d'Estelle...

Le déroulement de la guerre devait toutefois me ménager encore des surprises. Car, tout en partageant les jeux de mes frères, je me plongeai aussi dans la lecture de Jules Verne. Je devins successivement amoureuse de Dick Sand, de Michel Strogoff et du ténébreux capitaine 143

Nemo. La nuit, je rêvais de les accompagner au cœur de l'Afrique équatoriale, des steppes glacées de la Sibérie et aux confins des mers australes. Estelle m'apparaissait toujours aussi belle et désirable, surtout en ces années où elle dénudait son dos, les soirs de gala, dans un invraisemblable fourreau de satin blanc. Mais sa vie auprès de nous commençait toutefois à m'apparaître singulièrement sédentaire pour une future exploratrice...

Dans la ville, des exploratrices, des vraies, faisaient alors leur apparition. C'était les premières femmes des forces armées : les C.W.A.C. en uniforme kaki, puis celles de la R.A.F. en bleu acier, et celles de la Royal Navy en tailleur marine. Leur destin dangereux, compagnes de héros sur un destroyer ou à bord d'un quadrimoteur, m'apparaissait enivrant. Leur métier, tout autant que leur démarche martiale, constituait une provocation à l'égard des idées de Dominique. Mais dans les films, en dépit de leur vilains souliers lacés et de leurs seins dissimulés par des poches à gros rabats boutonnés, des officiers les embrassaient. Ou alors, l'ingrate casquette de leur uniforme basculait au cours d'une action périlleuse, libérant ainsi une cascade de cheveux dorés qui avaient survécu à la transgression du destin commun. J'étais perplexe... mais de plus en plus intéressée.

Après la guerre, rien ne fut plus comme avant. Les travailleuses d'usine avaient connu les «gros salaires», les femmes des forces armées l'aventure, et le monde ne s'était pas écroulé pour autant. Les premiers collèges classiques se répandaient et l'on attendait avec anxiété les premières bachelières. Dominique et mes frères étaient bien tentés d'annoncer que celles-ci reproduiraient la caricature de la vieille fille mais selon une variante particulièrement hideuse : le bas-bleu. Mais cette fois Estelle ne l'entendait pas ainsi. Elle s'était depuis peu plongée dans la lecture des grands destins littéraires féminins et se faisait fort de leur prouver que la production de manuscrits s'accommodait fort bien des prouesses amoureuses. Une couronne de tresses empilées sur ma tête, un liséré de dentelle aux poignets pour rassurer mon père, et je fus inscrite au collège. César et Napoléon remplacèrent bientôt Michel Strogoff et le Capitaine Grant. J'avais beau étudier, ma vocation de célibataire ne se précisait toujours pas. Estelle et moi, en douce, venions de remporter notre première manche. De son côté, trois rangs de perles au cou et de ravissants chapeaux inclinés sur la gauche, madame Casgrain obtenait le droit de vote pour les femmes du Québec. Et Dominique, lui-même beau-frère de suffragette, persistait toujours à plaindre secrètement leurs maris...

Mais quand elles eurent complété avec succès diplômes et brevets professionnels, force leur fut d'entrer dans l'univers du travail : un univers construit pour et par les hommes. Les femmes avaient prouvé que leur féminité pouvait survivre aux études et à la guerre. On les attendait sur place avec une autre menace : la maternité. Ce pouvoir exclusif de leur corps, cette puissance jusque-là révérée dans l'ambiguïté, allait se retourner contre elles : «Que voulez-vous faire dans l'entreprise avec des femmes menstruées, enceintes ou en train d'allaiter !»

Des hommes qui avaient tenu jusque-là à sauvegarder la fameuse féminité de leurs compagnes changeaient subitement de registre en devenant chefs d'entreprise. Envers la maternité, ils avaient beaucoup moins d'égards, constatant qu'elle contrecarrait les cadences accélérées de la production. Encore jeune et mal aguerri, le mouvement féministe encaissait avec un courage exemplaire toutes ces exigences. Pour entrer dans l'univers des hommes, il fallait un corps d'homme. Qu'à cela ne tienne, on l'aurait !

La plus chauvine des spécialités médicales, la gynécologie, fut appelée à la rescousse, tant par la partie patronale que par la troupe douce et craintive des petites employées. On les convainquit aisément que l'allaitement maternel était moyenâgeux et peu hygiénique. On leur refila des formules à biberons pour qu'aussitôt l'accouchement fait, et sans onéreux congés de maternité, elles puissent reprendre la cadence des machines. Pour un oui ou pour un non, par milliers, des utérus sains sautèrent dans la province. Un coup de bistouri prenait tellement moins de temps que la prévention... Des sornettes circulèrent, voulant que la grossesse soit une sorte de maladie, et les premières femmes à vouloir vivre un ac- 145 couchement conscient passèrent pour des exhibitionnistes...

Le féminisme d'aujourd'hui est beaucoup plus lucide et plus audacieux. Il ne cherche pas à camoufler ou à castrer le corps féminin : il veut en faire valoir sans fausse honte toutes les exigences. Des femmes créatrices déclarent sans complexe peindre ou écrire au milieu de leurs enfants, «tout en surveillant la soupe». Devant le refus de l'Université d'organiser une garderie, une femme professeur a récemment décidé d'installer son nourrisson auprès d'elle dans son bureau de chef de département... Dans le sillon du mouvement naturiste, les toutes jeunes femmes de la ligue La Leche redécouvrent sur un mode contestataire l'allaitement naturel dont on avait privé leurs mères. Devant la détermination des femmes, la plupart des grands hôpitaux ont dû, depuis quinze ans, organiser des cours préparatoires à l'accouchement «naturel».

La femme a toujours entretenu avec son corps des rapports beaucoup plus étroits et intimes que l'homme avec le sien. Aussi, dans la crise de civilisation que traverse aujourd'hui l'Occident, se trouve-t-elle moins «débranchée» que lui de ses forces vitales et personnalisantes. En étapes régulières, son corps lui rappelle qu'elle demeure elle-même le sujet de son propre destin. Le corps robuste mais sans voix de son compagnon a pu être progressivement transformé en pur instrument de production selon les lois implacables du profit. Le sien proteste au contraire à chaque mois, à chaque enfant, défendant par le truchement de l'espèce une intégrité et un équilibre humains que l'homme, sans la femme, n'a pas su jusqu'ici défendre seul en société capitaliste.

L'âge de la femme, comme l'annonçait Rimbaud, apporte peut-être au couple humain un nouvel espoir de salut : retrouver une harmonie perdue et nourricière avec son corps. Car ce ne peut être qu'une société malade et décadente que celle qui se voit forcée d'organiser de savantes sessions de thérapie pour réapprendre à des êtres malheureux la faculté atrophiée de toucher, de 146 sentir, de crier, de rire ou de pleurer...

Les sculpteurs de tous les temps, indéfiniment, se sont attachés au corps féminin parce qu'à tous les hommes il rappelait un certain rapport de santé avec le monde. Notre époque, elle, a choisi de vendre ce corps en *posters*... Et s'il s'agissait là d'un amoindrissement de sens où nous nous retrouverions tous perdants?

LIBÉRÉES, ELLES VOUS LIBÉRERONT

*Plus les idées sont subversives
plus il convient de les exprimer
avec mesure.*

Françoise Giroud,
ministre français

*Plus le morceau est gros,
plus tu dois le servir avec une
petite cuiller.*

Estelle Lemire-Pelletier,
ménagère québécoise

Nos aïeules ne sont pas demeurées assises à leur rouet et à leur métier à tisser, lorsque le tocsin des Patriotes se mit à appeler les Québécois des années 1837 à la résistance. L'historien Jacques Lacoursière nous l'apprend : elles ont manifesté devant le Parlement, couru les campagnes pour soulever la population, et fait du porte à porte bien avant le Parti Québécois.

Puis ce fut 1840 et le grand calfeutrage au foyer avec Mgr Bourget, grand importateur de communautés enseignantes. Le rigorisme moralisateur d'Arthur Buies et d'Olivar Asselin renchérissait. En 1913, dans *Le Devoir,* Henri Bourassa invite les femmes à se limiter plutôt aux doux moyens d'action domestique que «leur dicteront leur cœur et leur charme».

Inutile de dire que dans un pareil climat, les premières démarches des femmes pour obtenir le droit de vote se heurteront à un mur de préjugés et d'émotivité où évêques et politiciens accableront à qui mieux mieux les premières suffragettes qui réclament pour les femmes des droits aussi élémentaires que celui de disposer de leur salaire ou de recevoir des allocations familiales ; Gérard Filion se moquera même de l'idée saugrenue des allocations familiales en disant qu'elles lui font penser aux «primes pour les veaux»!... Conspuées et ridiculisées par leurs compatriotes, les premières militantes québécoises devront aller chercher au Canada anglais les appuis qui leur font défaut chez nous. La réponse et la solidarité des Canadiennes anglaises ne se font pas attendre. En 1940, les femmes du Québec, les dernières du Canada, obtiennent leur droit de vote.

Les circonstances particulières où s'effectueront les luttes de ces pionnières que furent Thérèse Casgrain ou Idola Saint-Jean marquent encore aujourd'hui le sytle d'engagement politique officiel des femmes et les frustrations confuses que les Québécoises entretiennent à juste titre à son endroit. La raison profonde en est, selon moi, que l'engagement politique actuel de telle femme député ou de telle femme sous-ministre est malheureusement en discontinuité avec le modèle historique vrai et enraciné de la militance féminine d'avant 1840. Ce modèle historique, nous en avons perdu la mémoire durant plus d'un siècle et il n'inspire plus chez nous de créativité chaleureuse et originale au niveau de notre activité politique. Au lieu de faire actuellement de notre enracinement féminin dans la vie concrète et difficile de ces milliers de «petites patries» dont est constitué le Québec d'aujourd'hui, les rares femmes qui parviennent actuellement à gravir les échelons du pouvoir politique le font malheureusement selon un modèle issu de nos mœurs politiques les plus traditionnelles. Mœurs politiques des moins invitantes, il faut le reconnaître, pour des femmes éprises de contacts humains vrais et respectueux de la voix des petits et des humbles qui partagent leur existence quotidienne...

À l'heure du Watergate, de l'enquête sur le crime organisé ou sur les rivalités intersyndicales, bien des femmes sincères et de bonne volonté ressentent une répugnance insurmontable à se lancer dans l'arène politique tant elles redoutent d'y trouver violence, corruption, combines, manigances frauduleuses, trafic d'influences, mépris et manipulation de la bonne foi des petites gens. Leur instinct ne les trompe certes pas dans bien des cas! Mais cet instinct n'aurait que partiellement raison 149 s'il devait les conduire à tolérer passivement que soient ainsi définies plus longtemps sans elles les règles boiteuses du pouvoir auquel nous sommes tous soumis, hommes, femmes et enfants.

Mais pour devenir agent de transformation efficace dans notre vie politique, la femme doit refuser les règles du jeu de la politique traditionnelle où elle ne peut que jouer perdante au départ. Dans cette ambiance que Jérôme Proulx décrivait comme le «panier de crabes», quelle femme isolée saurait faire entendre efficacement une voix qui convie à des changements radicaux dans nos modèles de gérance de la chose publique?

Je concrétiserai ici ma pensée en rappelant la brève et amère carrière politique d'une Claire Kirkland-Casgrain. J'ai été la première «dans le temps» à parler avec sévérité de la politique culturelle de l'ancien ministre. Pourtant je ne sache pas que ce que j'interprétais comme des erreurs politiques graves ait jamais attiré sur la tête d'un seul ministre mâle autant de blâmes, d'ironie grossière et de procès d'intentions! Et pourtant notre Assemblée nationale ne manquait pas à l'époque de têtes de turc masculines tout autant stimulantes pour exciter la verve des pamphlétaires et des caricaturistes. Monsieur Bourassa lui-même a fait preuve, à l'endroit de son ministre féminin, d'une désinvolture méprisante qu'il ne se serait jamais permise envers le plus minable de ses *back-benchers.*

Mais je crois que le défaut d'aiguillage d'une carrière comme celle de madame Casgrain résidait dans son caractère conventionnel calqué sur les carrières masculines traditionnelles. Avocate, comme tant d'autres politiciens d'hier et d'aujourd'hui. Fille de député sollicitée pour perpétuer après son père un style de représentation populaire marqué au coin du paternalisme propre aux structures pyramidales de la politique traditionnelle. Madame Casgrain ne pouvait donc manquer de voir ses moindres erreurs montées en épingle et dénoncées comme autant de symboles de la fatigue et de l'inertie des vieux régimes. Prisonnier d'un style étranger à nos véritables racines populaires, son leadership, inauguré fort probablement dans la sincérité et la bonne volonté, ne pouvait manquer d'être très tôt emprisonné dans des structures sclérosées et coupé de ce qui aurait dû en assurer la vitalité, c'est-à-dire une véritable communication avec la base québécoise dans le milieu culturel.

L'exemplarité d'un tel destin me renvoie très naturellement à cette question fondamentale qui est la suivante : en quoi l'héritage vivant, chaleureux et engagé des Québécoises politisées d'avant 1840 peut-il devenir un projet original et créateur pour leurs filles de 1974 ?

Selon moi, l'essentiel du message que nous livrent nos aïeules paysannes dans les péripéties de leur destin bouleversé et passionné, c'est celui de la fidélité à l'idéal communautaire des solidarités de base. Car si nos mœurs politiques doivent être un jour guéries de la froideur impersonnelle de la communication par paperasses ou livres blancs interposés, de l'étroitesse implacable des normes technocratiques, de l'indifférence hautaine des pouvoirs distants, ce sera le jour, entre autres, où des femmes de cœur et de tête auront retrouvé l'assurance perdue de jouer enfin le jeu politique selon leurs propres valeurs et leurs plus sûrs instincts.

Le pouvoir a assez longtemps descendu du haut pour aller vers le bas, qui sait si, les femmes se mettant avec confiance et ténacité à l'écoute de leur milieu, il ne pourrait pas, enfin, remonter de la base pour créer enfin un nouveau type de pouvoir attentif et fraternel ?

Outre la libération qu'elles doivent entreprendre contre les vieux modèles de carrières politiques traditionnelles, les Québécoises doivent aussi se libérer d'un *second mythe* : *celui des compétences savantes.*

Beaucoup de militantes saines, intelligentes et fourmillantes d'initiatives s'imaginent à tort que pour assumer avec compétence des responsabilités dans la vie politique, il faille absolument avoir séché des années durant sur des recherches en économique, en sciences politiques, en droit ou en administration.

Toutes ces connaissances ne sont certes pas à déprécier. Mais elles ne constituent pas l'essentiel. Beaucoup de femmes sérieuses doutent cependant d'elles-mêmes à cause de leur soi-disant manque de préparation, sans se donner la peine d'observer qu'un grand nombre de nos représentants élus, non seulement sont 151 d'une ignorance crasse dans tous ces domaines, mais encore joignent à leur pauvreté intellectuelle une prétention et une suffisance sans bornes qui leur fait négliger de s'entourer de conseillers compétents et éclairés pour compenser leurs propres lacunes. Mesure pourtant bien essentielle et que la première ménagère élue député s'empresserait au contraire de prendre.

Tous nos ministres passés d'ailleurs, que les jeux politiques amenaient à s'occuper un jour de la Voirie, le lendemain des Affaires culturelles et le mois suivant des Finances, ne réalisaient ces pirouettes brillantes que grâce à la pyramide invisible des sous-ministres et d'innombrables fonctionnaires professionnels qui, eux, ne déménageaient pas chaque fois avec leur chef et continuaient de rédiger fidèlement les discours du suivant...

Ce sont pourtant toutes ces images factices qui inhibent encore chez nous des femmes de valeur et leur fait croire que la chose politique est une bête noire et savante que seule une poigne masculine peut dresser...

C'est au contraire à partir d'un enracinement vrai et solidaire avec leur propre milieu que les femmes du Québec feront leurs premières armes pour une pratique renouvelée de la politique. Et cela pour le plus grand bien de leurs chers compagnons de vie dans une optique révolutionnaire qui n'a rien à voir avec le fait de brûler son soutien-gorge devant l'Assemblée nationale.

Au Chili en effet, le mouvement de l'Unité Populaire de Salvador Allende s'était ainsi constitué à la base, dans les campagnes, à partir de la conviction et du travail solidaire de simples femmes, souvent illettrées, mais qui s'étaient politisées en prenant en main dans leurs villages, leurs problèmes de planification familiale, de puériculture, d'alimentation et d'hygiène publique. Aujourd'hui ces militantes sont pourchassées et torturées par le régime Pinochet. Mais nous savons qu'on ne tue pas l'âme d'un peuple qui a entrevu, ne fût-ce que brièvement, la joie de se prendre en main dans la liberté et la fraternité.

Enfin, un dernier mythe dont les Québécoises doivent au plus tôt se libérer, c'est celui de la rationalité. Le cœur, le vouloir-vivre collectif et la passion chaleureuse des femmes du Québec est indispensable à la poursuite d'un authentique projet collectif. Ce ne sera pas dans l'abstraction désincarnée des équations mathématiques des technocrates que nous puiserons les forces nécessaires pour mener à bien ce projet qui nous fait vivre dans une commune espérance. Mais bien dans la passion de nos cœurs de Québécoises, héritières des douces ménagères de Saint-Eustache et de Saint-Benoît des Deux-Montagnes. Nos aïeules qui, dans l'aube naissante, cachaient dans la musette de leurs hommes, avec une bonne tranche de lard, un gros quignon de pain et un flacon de petit blanc, un sac de balles grises fondues à même les cuillers de leur maison.

Il y a quinze ans à peine qui, hors quelques spécialistes méconnus, soupçonnait le problème écologique mondial ? Qui dans l'opinion publique appréhendait sérieusement la crise de l'énergie et celle de l'alimentation, l'explosion démographique du Tiers-Monde et la dénatalité des pays industrialisés ?

La question féminine ne se pose pas, abstraction faite des autres aspirations humaines. Elle est étroitement liée aux divers conflits, interrogations ou découvertes scientifiques des sociétés où elle se pose. C'est ainsi que toute la problématique féministe a changé radicalement d'optique et de vocabulaire, il y a un quart de siècle à peine, lorsqu'au hasard d'une découverte médicale le Dr Pincus, un endocrinologue, s'est mis à expérimenter, pour la première fois avec succès, les œstrogènes sur un groupe témoin de volontaires portoricaines. On peut aujourd'hui considérer, en effet, que c'est la rupture, opérée scientifiquement, du lien séculaire entre sexualité féminine et procréation, qui a permis d'affirmer pour la première fois dans l'histoire de l'humanité que la femme pouvait exister comme personne autonome. Tant qu'elle demeurait assujettie aux forces occultes et mystérieuses de la vie, son rôle dans les sociétés demeurait inexorablement lié à la fécondité. Objet de choix personnel désormais, la décision d'enfanter devient, aux mains des femmes, un « nouveau pouvoir » au sens le plus révolutionnaire du terme. C'est-à-dire un « pouvoir » susceptible de modifier profondément nos relations humaines et nos rapports sociaux.

Mais dans un second temps, ce « nouveau pouvoir », dont découleront en corollaire presque tous les autres, sera susceptible de s'exercer de façons fort diverses selon les cultures nationales qui l'adopteront à leurs valeurs propres. C'est ainsi que le problème de la natalité, pour poursuivre le même exemple, se pose en des termes fort différents aujourd'hui pour une Américaine, une Africaine ou une Chinoise. L'entrevue célèbre de l'écrivain Han Suyin, au *Sel de la semaine* de Radio-Canada il y a quelques années, nous a rappelé judicieusement que «l'Internationale des femmes» n'était pas pour demain et que les diverses expressions du nationalisme étaient susceptibles de modifier profondément l'itinéraire des femmes d'un pays donné vers la conquête de leur autonomie personnelle. Ecrivain révolutionnaire, militante maoïste, Han Suyin n'en défendait pas moins des options nettement natalistes à la grande stupéfaction des féministes nord-américaines qui avaient toujours dénoncé dans les thèses natalistes des stratégies de la misogynie pour enchaîner une fois de plus la femme à son destin traditionnel.

Dans un troisième temps aussi, disons que, toujours dans un pays donné, la nature du régime politique à l'intérieur duquel la question féminine se pose est susceptible d'en amoindrir ou d'en exacerber au contraire la requête. Les dictatures et les régimes d'extrême droite, tels qu'on peut en observer aujourd'hui en Amérique latine et jusqu'à tout récemment en Espagne, en Grèce et au Portugal, se sont toujours montrés d'ardents défenseurs des conceptions les plus traditionnelles et les plus effacées du rôle de la femme. Ce sera donc sous ces régimes que les femmes attendront le plus longtemps des droits aussi élémentaires que le droit de vote, la parité de salaire ou l'accès aux universités. D'autres régimes dits «libéraux», mais où se pratique le capitalisme de concurrence, récupéreront les slogans favoris de la libération de la femme au niveau de la publicité la plus tapageuse, mais en désamorceront habilement le caractère novateur en faisant bifurquer ses orientations dans le sens de la consommation la plus passive. Un seul regard sur les publicités actuelles qui se servent de l'image de la «femme libérée» pour vendre un parfum ou un soutien-gorge nous en convaincra!

Enfin, un quatrième élément m'apparaît essentiel à considérer pour qui prétend se livrer à un essai de prospective touchant la question féminine: c'est la rupture ou la continuité du nouveau modèle féminin par rapport 155 au modèle historique. Beaucoup d'équivoque en effet subsiste dans le titre donné autrefois par le chanoine Groulx à l'un de ses plus marquants ouvrages: *Notre maître le passé*. Cette expression peut certes à première vue revêtir une signification limitative: elle pourrait alors vouloir dire que les peuples sont condamnés à se répéter indéfiniment? Elle pourrait, mieux encore, exprimer aussi la valeur éducative et politisante de la connaissance et de la réflexion historiques. Enfin, elle peut nous amener de façon très suggestive à augurer des grands traits d'une évolution à partir des «tendances» observées chez le modèle historique. Dans le cadre de mon propos actuel, c'est sans doute cette dernière acception qui retiendra le plus volontiers mon attention.

Plus que jamais, depuis l'avènement des moyens modernes de communications de masse, les Québécoises se trouvent en quelque sorte «branchées» sur les grands courants et les grandes requêtes de la pensée féministe mondiale. Emprisonne-t-on des militantes de gauche du Chili, manifeste-t-on pour ou contre l'avortement en France, pour le droit de vote en Grèce, aussitôt l'opinion québécoise s'en trouve saisie et les femmes d'ici se mettent à exprimer leur propre vécu à partir de l'événement extérieur qui leur est rapporté.

Comme les mouvements de décolonisation qui ont fait accéder à l'indépendance de jeunes pays d'Afrique depuis le début de ce siècle, comme les mouvements anti-ségrégationistes aux U.S.A., le féminisme apparaît de plus en plus comme un vaste et irréversible mouvement historique. Tout comme les pays dont l'économie traditionnelle avait longtemps reposé sur l'exploitation coloniale ou l'esclavage, nos sociétés se trouvent profondément insécurisées devant la radicalité de certains éléments de cette nouvelle «révolution». L'économie et la gérance domestiques, l'éducation et la garde des enfants, mais surtout la sauvegarde de toutes les valeurs d'affectivité, de chaleur, de gratuité, de poésie dont, séculairement, on avait fait de la femme la gardienne, voilà tout un lot de tâches, de valeurs et de vertus que les sociétés ne peuvent plus déléguer d'un bloc à la responsabilité d'un sexe en particulier. Elles doivent désormais les assumer, les distribuer, les sauvegarder solidairement.

Ces grands traits essentiels de la requête féministe, on les retrouve aujourd'hui dans les propos familiers des Québécoises. On ne discute plus guère aujourd'hui dans les usines ou les bureaux des principes théoriques tels que le droit à l'éducation, l'égalité des sexes, le libre choix de sa carrière, de son conjoint ou de ses maternités. Ces réalités-là semblent désormais acquises dans l'opinion des femmes et c'est désormais au niveau des modalités et des moyens concrets que portent leurs discussions les plus serrées: parité de salaires, égalité de chances dans l'embauche, garderies publiques, libre accès à la contraception, etc.

Aussi le scénario de telle conquête sectorielle du féminisme américain, français ou britannique a-t-il toutes les chances du monde de se répéter au Québec quelques mois ou quelques années après sa «première mondiale»; les femmes du Québec, depuis la Révolution tranquille, sont bel et bien devenues citoyennes du monde. Toutefois, nous le verrons bientôt, les Québécoises n'ont pas copié servilement des modèles étrangers d'action comme, hélas, le Québec l'a fait dans combien d'autres secteurs de son activité sociale ou culturelle! Leur itinéraire vers l'autonomie se dessine au contraire comme le fruit d'une heureuse harmonisation de leur héritage culturel et de leurs aspirations futures. Un itinéraire d'une grande maturité aussi, et qui sait faire en douceur l'économie d'excès caricaturaux dont nos voisines du Sud avaient au contraire pimenté à plaisir le leur pour mieux stimuler les imaginations...

Tous les actuaires mathématiciens et autres spécialistes voués par métier à la prédiction commencent par scruter avec soin l'allure générale d'une courbe avant de se hasarder à parler de son avenir. On me permettra certes la même précaution. En ce sens, je suis convaincue que ce passé nous est très mal connu et qu'à partir des clichés que nous entretenons à son endroit, nous méconnaissons souvent la richesse et la diversité de notre psychologie féminine nationale.

Le grand remous, provoqué ces derniers mois dans l'opinion par la découverte des terribles lacunes de l'enseignement de notre histoire nationale dans le système scolaire actuel, en témoigne: nous commençons tout juste de soupçonner les répercussions à long terme d'une méconnaissance de notre bagage ancestral. Le cas de l'histoire des femmes du Québec, celle qui nous intéresse particulièrement aujourd'hui, n'est en rien différent de l'histoire de l'Église, des classes sociales ou des idéologies politiques: elles ont été réduites à quelques traits grossiers rapidement esquissés au cours de la Révolution tranquille. Sous l'influence de l'idée de «rattrapage» qui dominait les années '60, il convenait en tous points d'établir que nous avions été jusqu'à ce jour un petit peuple obscurantiste et retardataire qu'il convenait de toute urgence de remettre vivement à l'heure de New York ou de Paris!... Cette façon de voir, dix ans après, devait s'avérer un peu courte et dans certains cas catastrophique.

Ainsi la vision acceptée et galvaudée de la femme québécoise dans les média des années '60 était celle de la mère de famille nombreuse, subissant sans mot dire les directives de son mari et des curés après avoir subi celles de sa mère et des Sœurs durant son enfance! Cette mère-là, décrite par tous les écrivains de l'époque, partageait tout son temps entre le récurage besogneux et les maternités. Elle était donc, pensait-on, à cent mille lieues par ses préoccupations des enjeux rencontrés par le Québec du XXe siècle. Quel formidable rattrapage ne devait-on pas lui faire subir pour l'extirper de sa grande noirceur!

Ceux qui stigmatisaient de la sorte nos braves mères n'avaient certes pas la mémoire historique bien longue: le XIXe siècle, les homélies de Mgrs Paquet et Bourget devaient probablement constituer le fin mot de leurs sources et de leurs références. L'avenir devait en effet leur ménager des surprises car ces Donalda, ces mères Plouffe et ces Angélina devaient en quelques décades effectuer un itinéraire audacieux qui allait outrepasser les rêves les plus farfelus de leurs anciens juges... Or ces ressources ne leur venaient pas d'ailleurs. Elles les puisaient en elles-mêmes et l'originalité de leur démarche témoignera longtemps d'un passé qui les avait généreusement nourries.

Dès que l'on se penche avec un tant soit peu d'attention sur l'évolution du féminisme français, par exemple, on s'aperçoit quel poids historique formidable constituait pour Simone de Beauvoir et ses contemporaines la longue tradition de classe de la bourgeoisie française. Célébrée par les arts et la littérature, choyée par l'aisance d'une vie oisive, la femme de la «belle époque» n'en était pas moins galamment exclue du monde des hommes et des vrais enjeux de la collectivité à laquelle elle appartenait.

La simplicité même de nos origines québécoises nous a permis de faire l'économie de cette forme d'aliénation qui a conduit tant de nos contemporaines françaises à définir leur situation en fonction de la «lutte des sexes». Cette ségrégation des sexes issue des mœurs bourgeoises ne s'est guère fait sentir chez nous avant l'avènement de l'industrialisation. C'est principalement l'urbanisation, on l'a maintes fois souligné, qui a amené l'éclatement du couple rural et plongé la femme au foyer dans ce sentiment d'isolement et d'inutilité qui devait la conduire à la première contestation de sa situation marginale.

Paradoxalement, la société rurale qu'on a voulu décrire comme facteur de fixité et d'hostilité au changement a longtemps permis à la Québécoise de roder avec son compagnon une profonde relation de *partnership* dont tous deux conservent encore la marque même en société urbaine. L'intelligence, le jugement, l'initiative de la femme constituait et constitue encore un investissement décisif dans une entreprise agricole. Ses opinions et ses choix pesaient à l'égal de ceux de l'homme dans les décisions communes à prendre. La marque de cette prise en considération se retrouve aujourd'hui dans le couple québécois: c'est généralement *ensemble* qu'on choisit sa maison ou sa voiture, l'école que fréquenteront les enfants ou le genre de vacances qu'il convient de prendre.

Tandis que les féministes européennes ont encore à bagarrer chez elles pour obtenir d'avoir voix au chapitre en des matières aussi élémentaires, les Québécoises avaient franchi assez naturellement des barrières apla- 159 nies autrefois par leurs mères au cours d'un étroit et chaleureux compagnonnage historique.

La vie des pionniers, en effet, était faite pour rapprocher naturellement ceux et celles qui affrontaient ensemble les mêmes difficultés et les mêmes dangers. L'histoire des premières religieuses nous montre même quelles libertés devaient par nécessité s'octroyer des fondatrices comme Jeanne Mance, Marie de L'Incarnation et Marguerite Bourgeoys par rapport aux coutumes françaises. Comme les missionnaires d'aujourd'hui, elles avaient partagé avec leurs compagnons d'aventure des initiatives héroïques qui ne permettaient pas ultérieurement de retour en arrière dans la voie de la sujétion féminine traditionnelle.

Les chroniqueurs des XVIIe et XVIIIe siècles, les baron de Hontan, les Peter Kalm ou les François-Xavier de Charlevoix sont unanimes à s'étonner (ou à se scandaliser...) de la grande liberté avec laquelle la femme québécoise de l'époque s'exprime sur toutes choses et règle sa vie en fonction de ses goûts marqués pour la vie sociale et le plaisir! Les citations abondent sous leur plume, notant la beauté, la vivacité d'esprit, la frivolité et l'indépendance de jugement de nos aïeules! Lors de l'invasion américaine, plusieurs d'entre elles, notamment la veuve Gabourie et les femmes de Pierre Parent et d'Augustin Chabot, faisant fi des appels à la soumission venant de l'épiscopat, ne se mêlent-elles pas d'agitation politique à Sainte-Marie-de-Beauce et à l'île d'Orléans? Durant les troubles de '37-'38, les femmes de Saint-Benoît ne se regrouperont-elles pas sous la présidence de la femme du notaire J.-J. Girouard pour former l'Association des dames patriotiques du comté de Deux-Montagnes? Voilà, certes, qui laisse loin derrière nous le ber de la revanche et le métier à tisser...

Sait-on même encore aujourd'hui que l'Acte constitutionnel de 1791 avait accordé le droit de vote aux femmes propriétaires et que celles-ci l'exercèrent passionnément durant cinquante-huit ans? Jusqu'à ce qu'en 1849, dans le ressac qui devait suivre l'Acte d'Union, une loi spéciale ne vienne le leur retirer après l'avoir supprimé aux prêtres six ans auparavant. Il faudra ensuite aux Québécoises attendre 1940 pour obtenir à nouveau, sous le régime Godbout, leur précieux droit au suffrage.

Les années 1940 en effet, et par coïncidence la nomination de Mgr Bourget au siège épiscopal de Montréal, provoqueront une brutale discontinuité avec ce modèle historique original. C'est sous l'impulsion de ce prélat célèbre qu'arriveront massivement au Québec pour éduquer nos «filles des champs et des bois» les grandes communautés religieuses européennes. Celles-ci apporteront dans leur bagage la spiritualité féminine rigoriste en vogue dans les classes sociales rigides de la société française de l'époque. Cette tradition puritaine consacrera chez nous la vocation effacée et soumise de la femme au foyer. Les chefs spirituels comme les leaders politiques, les écrivains et pamphlétaires, tels Henri Bourassa, Olivar Asselin ou Arthur Buies, mettront constamment en garde la femme de cette époque contre l'instruction trop poussée, les dangers de la curiosité intellectuelle, la lecture indue des romans, l'indépendance d'esprit, l'ambition économique, les plaisirs de la vie sociale et, bien sûr, à plus forte raison, les conflits de la vie politique! Dans un pareil climat, est-il besoin de le rappeler, les premières féministes québécoises devront appeler les Anglo-Canadiennes à leur rescousse pour obtenir à nouveau, en 1940, leur fameux droit de vote perdu en 1849.

Dans un premier temps, et cela était normal, le féminisme québécois a porté la marque culturelle de cette influence anglo-canadienne qui, sous les régimes Taschereau et Duplessis, était venu lui tendre une main fraternelle. Car, on l'a maintes fois observé, c'est dans les pays nordiques anglo-saxons et protestants que l'idéologie féministe a toujours trouvé son premier et son meilleur terreau d'accueil, les pays méditerranéens et catholiques traînant toujours loin derrière eux leurs vieux préjugés platoniciens à l'égard de la femme.

L'un des traits dominants de ce féminisme de culture anglo-saxonne consiste certes à faire appel au regroupement et à la solidarité exclusivement féminine afin d'ouvrir, par une action collective des femmes, une brèche définitive dans l'univers masculin du travail, de la vie sociale et politique. Le second trait majeur de cette 161 même démarche a consisté pour les femmes à accepter tel quel sans le remettre en question cet univers masculin, ses rites et ses lois; à le considérer comme un objectif final à atteindre et à se modeler autant qu'il sera nécessaire afin d'y entrer de plain-pied avec les hommes et d'en soutenir victorieusement la concurrence.

Si, à ce moment précis de ma réflexion, je puis me risquer à jouer les prophètes, ce serait certes pour dire qu'à l'heure actuelle les Québécoises me semblent en train de mettre au point une stratégie qui, pour s'éloigner de plus en plus du principe de la ségrégation comme mode de regroupement et d'action, n'en sera pas moins profondément révolutionnaire. Loin d'accepter inconditionnellement les rites et les lois du monde masculin, cette stratégie ira les contester jusque dans ses retranchements en refusant cette adaptation qui équivaudrait, pour les femmes, à renoncer à leurs caractéristiques et à leurs valeurs propres. «Ce n'est pas à nous à devenir dures, efficaces, impitoyables et compétitrices comme vous l'êtes afin d'entrer dans votre univers journalier. Votre société est devenue une jungle: nous allons la contester et la modifier afin de pouvoir y entrer librement sans nous renier nous-mêmes...» Voilà en gros ce que semblent nous dire de plus en plus de Québécoises que j'observe vivre dans leurs engagements quotidiens auprès d'un syndicat, d'un groupe de citoyens, d'un comité scolaire, d'un mouvement d'action politique, sociale ou religieuse.

En ce sens-là, j'estime que mes sœurs québécoises sont portées plus ou moins consciemment par la richesse du plus ancien de leurs modèles historiques de militance féminine: celui qui s'épanouit de leurs origines jusqu'au ressac de 1840. Ce modèle chaleureux, indépendant et très personnel les amène à réclamer de profonds changements dans nos mentalités; mais à les réclamer de façon nuancée, persuasive et progressive dans sa fermeté. Un peu dans le sillage des premières militantes à exiger le droit de vote et qui se présentaient devant l'Assemblée nationale... «avec leurs plus jolis chapeaux»?

Solidaires de leurs hommes depuis la fondation de
162   ce pays, les Québécoises, comme groupe, auront peut-

être de moins en moins tendance à «se liguer contre eux» pour opérer leur libération : elles la feront souvent *avec* eux, sentant d'instinct qu'une petite collectivité isolée culturellement comme la nôtre doit se tenir les coudes et non diviser ses forces face à des puissances adverses beaucoup plus redoutables qu'un mari ou un petit employeur.

Dans un Québec qui opère ces années-ci des révisions de vie cruciales touchant son avenir constitutionnel, un Québec qui se cherche de nouvelles valeurs éthiques après la mise en veilleuse du magistère de l'Église, les femmes ressentent de plus en plus le besoin de se solidariser avec d'autres groupes tout aussi défavorisés par l'inégale répartition du pouvoir dans notre société.

Leur aspiration vers une société plus humaine, plus juste et plus égalitaire les amènera de plus en plus à se reconnaître des fraternités naturelles avec tous les combats menés contre un système social basé sur la relation dominant-dominé et l'exploitation des plus faibles. Car la lutte féministe, poursuivie avec lucidité et cohérence, aboutit presque toujours à la contestation du capitalisme aveugle et de ses bureaucraties déshumanisantes.

Aussi puis-je imaginer avec une prudente certitude que l'avenir nous fera voir l'action des Québécoises dans leur milieu, non comme un facteur de résistance au changement ou comme un repli sur un féminisme hargneux et cloisonné, mais comme une courageuse et lucide participation à la révision globale du contrat social auquel nous convie la période de crise que nous traversons présentement. Jadis, nos aïeules ont héroïquement parié envers et contre tous les prophètes de malheur, pour cette ruse historique sans précédent que l'on a appelé la «revanche des berceaux»... Je compte beaucoup, personnellement, sur le «génie» toujours vivant des femmes modernes de cette race : nos nouveaux défis provoqueront chez elles de nouvelles stratégies, j'en ai la certitude. Il n'y a pas que des enfants qu'elles sachent bien enfanter et conduire à maturité.

LES FEMMES DANS LA SOCIÉTÉ QUÉBÉCOISE

C'est toujours avec un préjugé favorable que l'on aborde les nouvelles publications du Boréal Express. L'équipe qui anime cette maison d'édition a su trouver, au cours des récentes années, un ton éminemment juste pour nous reparler de notre Histoire et pour la rendre vivante. Elle a su en outre réunir autour d'elle des auteurs qui savaient concilier leur souci de rigueur avec celui d'une préoccupation pédagogique dont nous avions le plus grand besoin.

Les textes réunis et présentés récemment par Marie Lavigne et Yolande Pinard, *Les Femmes dans la société québécoise,* répondent bien à ce besoin accru d'information historique renouvelée dans un domaine très précis où quelques images schématiques détachées de leur contexte original, ou déformées par des préjugés tenaces, nous ont trop souvent tenu lieu de références. Comme tant d'autres aspects de notre vécu culturel, l'histoire des femmes du Québec a été trop longtemps interprétée à l'aide de lorgnettes tantôt apologétiques, tantôt importées. Mais les grilles d'interprétation qui pouvaient s'avérer utiles à l'analyse de l'évolution du féminisme anglo-saxon, américain ou français rendaient difficilement compte de tel ou tel aspect particulier de notre vécu qui relevait davantage, par exemple, d'une situation de domination coloniale que de lutte des sexes proprement dite à l'intérieur de notre collectivité : les hauts et les bas de l'histoire du vote des femmes, acquis et exercé avec l'Acte constitutionnel de 1791, perdu avec l'Acte d'Union de 1840 puis retrouvé cent ans plus tard, en 1940 sous le régime Godbout, illustrent bien notre propos.

C'est donc à ce besoin de réflexion plus enracinée dans la complexité de ce même vécu que répond le présent recueil. Faisant suite à la parution récente des *Québécoises du 20ᵉ siècle* de Michèle Jean (Éditions

Quinze, 1977), il ouvre certainement la voie à des recherches à peine entrevues, ébauchées ou souhaitées par les auteurs, notamment dans l'histoire encore récente de la syndicalisation des travailleuses québécoises.

Mais si les limites obligées de tout ouvrage construit à partir de matériaux d'origines diverses réunis *a posteriori* demeurent indéniables, en revanche, cette juxtaposition de visions somme toute «pluralistes» de l'évolution des femmes rend beaucoup plus saisissante cette vérité autour de laquelle l'unanimité ne cesse de croître. À savoir que le combat des femmes pour l'égalité de leurs droits n'est irréductible à aucune formule politique globale. En régime capitaliste comme en régime marxiste, la misogynie pourchassée au «public» réinvestit en force le «privé» (ou vice versa...) et les femmes, comme le reconnaissait le chef du P.C. italien Enrico Berlinguer, constatent de plus en plus nombreuses que leurs luttes doivent transcender les partis et les analyses socio-économiques ou constitutionnelles de «la politique des hommes».

On retrouve donc en filigrane cette conviction dans l'ouvrage de Lavigne et Pinard: sans cacher leur sympathie pour l'analyse marxiste qui voit dans l'oppression des femmes un autre visage noir des «sociétés fondées sur la propriété privée des moyens de production», les auteurs n'en présentent pas moins avec nuances et sympathie toute l'épopée de ce qu'elles appellent le «féminisme réformiste et bourgeois» en faveur de l'obtention du suffrage universel. Même si, écrivent-elles, «on peut mettre en doute l'impartialité d'une féministe du début du siècle sur la situation des ouvrières et des domestiques, lorsque l'on sait que cette même féministe engage des domestiques pour pouvoir militer et que son mari est propriétaire d'usine...[1]» Ce froncement de sourcils, somme toute anodin, et décoché au passage à l'endroit de madame Casgrain et de ses co-équipières est un peu bref. On aurait souhaité voir mieux définis, en cette matière comme dans tant d'autres, la nature et le pouvoir réel «d'oppression» de cette petite bourgeoisie

---

1. *Présentation*, p. 7.

canadienne-française économiquement aliénée elle-même, et que trop d'analystes marxistes assimilent un peu rapidement, pour les besoins de leurs propos, aux grands pouvoirs d'argent de la bourgeoisie européenne du XIXe siècle.

Cette réserve et quelques autres faites, les textes réunis dans ce livre sont extrêmement instructifs à parcourir. Santayana écrivait que «les peuples qui oublient leur histoire sont condamnés à la répéter»: cela est remarquablement vrai pour l'itinéraire du féminisme québécois. À travers les divers articles, on voit revenir de façon lancinante des interrogations, des conflits de valeurs et des choix d'interventions qui ramènent les femmes d'hier et d'aujourd'hui aux mêmes carrefours décisifs. On les voit, au début du siècle, s'unir au-delà de leur appartenance linguistique dans le MLCW (Montreal Local Council of Women) où elles présenteront leurs revendications féminines plutôt comme des moyens nécessaires à la poursuite de leur militantisme social. On y rencontre des figures remarquables de francophones: Mmes Rosaire Thibaudeau, Marie Gérin-Lajoie, Joséphine Marchand-Dandurand, Robertine Barry y occupent des postes importants en dépit de l'hostilité du clergé envers ce mouvement «protestant». On assiste à leur évolution vers la poursuite de la revendication de droits égaux à une époque où une femme mariée ne pouvait même pas toucher elle-même son propre salaire.

Un peu plus loin, on mesure avec effroi, à la lecture des textes pamphlétaires d'Henri Bourassa contre les féministes ou du mandement du cardinal Villeneuve contre le suffrage féminin, combien l'idéologie clériconationaliste de l'époque avait tout fait pour caricaturer et freiner le mouvement d'émancipation naissante sous le fallacieux prétexte de protéger la «mission éternelle et sacrée de la femme».

Enfin, on comprend mieux pourquoi, historiquement, les féministes québécoises ont toujours viscéralement redouté le nationalisme francophone et catholique et préféré s'allier les «forces de renouveau» qui travaillaient en ce sens le Canada anglais et protestant de l'époque. Qu'aujourd'hui de nombreuses Québé-

166

coises se montrent méfiantes, sinon hostiles envers la promesse d'une future «politique globale» que leur propose le Parti Québécois illustre bien que la crédibilité du «nouveau nationalisme» québécois n'est pas acquise au départ et que ces lourdes hypothèques historiques subsistent encore dans la mémoire collective des anciennes militantes.

Passionnantes sont aussi les pages consacrées au rôle ambivalent joué par les communautés religieuses féminines au XIXe siècle. Formées de célibataires, les communautés apparaissent comme les places fortes du pouvoir féminin à une époque où le mariage faisait perdre à la femme tous ses droits légaux, assimilant même sa dépendance à celle «des enfants mineurs et des incapables». C'est par le biais des communautés que les femmes exerceront une influence et un pouvoir étendus, sinon exclusifs, dans le champ de l'éducation, de la santé et des services sociaux. En revanche, les femmes laïques auront beaucoup de mal à se tailler une place dans les chasses gardées religieuses: la fondation de l'Hôpital Notre-Dame de Montréal en 1880 par une laïque, madame Thibaudeau (Marie «Loulou» Lamothe), devait en effet rencontrer une opposition tenace de la part de l'évêché.

Paradoxalement cependant, les communautés, au niveau de leurs œuvres, poursuivront en catimini des visées fort éloignées du discours officiel des élites clérico-nationalistes masculines... Ces dernières ont beau réaffirmer durant tout le XIXe siècle que la place de la femme est au foyer, et non à l'usine, les Sœurs Grises de Montréal, à la même époque, mettront discrètement à la disposition des nombreuses mères travailleuses du centre-ville (la «majorité oubliée») tout un réseau public et gratuit «d'asiles» (nous dirions aujourd'hui de garderies) où les enfants seront gardés et nourris durant les heures de travail des parents. Au début du XXe siècle, ce seront également les communautés enseignantes qui, mine de rien, et sous prétexte de «préparer de meilleures épouses» à ces mêmes notables, ouvriront un à un les premiers collèges classiques pour jeunes filles et «pousseront» ensuite leurs élèves à réclamer l'accès aux professions libérales et aux études universitaires.

Tiraillée par de semblables paradoxes entre son discours officiel et ses pratiques quotidiennes apparaît également l'évolution historique du mouvement syndical à l'endroit des femmes. On y voit la thèse du «travail égal = salaire égal» pénétrer fort lentement les esprits et davantage à cause de la concurrence que les bas salaires féminins font subir aux emplois masculins (surtout en période de chômage) qu'à cause d'une morale égalitaire rigoureuse et militante. Longtemps, d'ailleurs, le syndicalisme québécois hésitera entre l'attitude «protectionniste» et l'attitude «égalitariste» à l'endroit des travailleuses. Ce n'est que tout récemment, ainsi que le souligne Mona Josée Gagnon, qu'à travers les comités féminins des centrales, d'abord à la F.T.Q. et à la C.E.Q., puis à la C.S.N. une pensée plus cohérente a commencé à se dégager, à travers leurs congrès respectifs, sur la question féminine.

C'est donc à une foule de questions et de choix très actuels que nous ramène ce recueil de textes historiques et théoriques. Les femmes québécoises qui ont opté pour l'indépendance devront-elles obligatoirement mettre «entre parenthèses» ou temporairement «en veilleuse» leur requête féministe ainsi que se croyaient obligées de le faire les militantes de 1910 qui suivaient le très misogyne Henri Bourassa dans sa «résistance nationale»? Les croyantes du Québec, à l'instar de Marie Gérin-Lajoie quittant le M.L.C.W. vers 1907 pour militer dans la très confessionnelle Fédération nationale Saint-Jean-Baptiste, devront-elles obligatoirement tempérer leurs aspirations et réduire leur «programme» du fait de leur appartenance à la communauté ecclésiale?

C'est à travers tous ces choix et toutes ces analyses qu'apparaît le caractère le plus sympathique de cet ouvrage «de femmes»: il est, somme toute, très peu sectaire. On y voit certes apparaître à tour de rôle toutes les idéologies de l'heure: Engels, Freud, Marx, Cooper, Reich, Laing y vont tous de leur petit couplet pour tenter d'expliquer l'origine de la servitude séculaire des femmes. Mais le vrai niveau de langage est ailleurs.

168 Peu importe, nous apprend l'histoire, la couleur de la

référence de la doctrine ou du véhicule : s'il doit en ressortir plus de justice et d'égalité pour les femmes, va donc pour la référence, pour la doctrine ou pour le véhicule ! La solidarité féminine, en la matière, s'établit le plus souvent au ras du sol. Et au-delà des querelles de vocabulaire, elle n'exclut jamais tout à fait une sorte de tolérance qui s'apparente à la tendresse.

QUATRIÈME PARTIE

L'enfant, l'école et la culture

POLITIQUE FAMILIALE: S.O.S. PARENTS!

Délinquance? Frigidité? Alcoolisme? Drogue?... cherchez bien au casier «antécédents familiaux»: dans neuf cas sur dix, vous dis-je, le spécialiste déposera ses lunettes et vous annoncera comme une évidence le nom du premier responsable: la famille!

La famille québécoise en prend certes pour son rhume ces années-ci. Avec la littérature d'abord: les mères vampires et larmoyantes de Dubé, les pères ratés et ivrognes de Tremblay: bienheureux bébés éprouvettes qui échapperont enfin à ce sinistre environnement! Puis Freud arrive à la rescousse: mis un mois trop tôt sur le pot, l'enfant, traumatisé à jamais par ses parents castrateurs, sera voué à l'impuissance ou à l'avarice selon la nature et la consistance du petit besoin refoulé. Nos marxistes, dans ce concert, n'ont pas tardé à y aller eux aussi de leur petit couplet: la famille constituerait la cellule clé d'oppression et de reproduction de la culture dominante dont l'État bourgeois s'est de tout temps servi pour asseoir son autorité et imposer ses valeurs. Sus donc à elle au nom de la révolution prolétarienne. Enfin restaient les Cegeps, lieux (comme chacun le constate) éminemment accueillants, chaleureux et disponibles pour l'adolescent en difficultés: on y enseignera donc les nouvelles théories de Mr Cooper sur la mort de la famille afin d'être bien assuré que le jeune en question n'aura pas envie de régresser au point d'aller déballer ses petits problèmes auprès de pôpa et môman...

Comme la majorité des Québécois, à commencer par les politiciens, n'ont pas tous lu Freud, Marx et Cooper, cette accumulation de charges accablantes contre la famille n'a cependant pas encore suffi à convaincre nos dirigeants du bien-fondé de la collectivisation de l'éducation. Jusqu'à nouvel ordre donc, faute de kibboutz, nos jeunes ménages québécois continueront vraisemblablement d'aller accoucher à l'hôpital, le petit livre du docteur Spock sous le bras. Nul fonctionnaire de l'État, à moins que les parents en question ne se révèlent être à l'usage des tortionnaires d'enfants, ne viendra non plus protéger leur progéniture contre leur influence «oppressive et débilitante».

Mieux encore: comme si ces familles «anachroniques» ne suffisaient pas, on en créera parallèlement d'autres, artificielles s'il le faut, pour servir de lieux de cure psychothérapeutique ou de foyers d'accueil pour toutes catégories de jeunes en difficultés. Finies les grandes maisons de redressement, vidés les orphelinats aux corridors sombres de jadis: en service social désormais, les modules «familiaux» prennent progressivement la relève. Voyez Sandra, 16 ans, une soi-disant caractérielle que la psychiatrie conventionnelle avait jugée incurable: un juge l'a confiée à un «group home parents» placé sous la surveillance du service social de sa ville. Elle y a rencontré Antony, 40 ans, qui y tenait «le rôle de père». Or Sandra, qui n'avait jamais eu de père auparavant, aura connu auprès d'Antony le meilleur comme le pire de cette relation père-fille: les confidences au coin du feu, les compliments sur sa coiffure, mais aussi les privations de sorties pour impertinence verbale ou refus de participer aux corvées familiales. Or en dépit de Freud, de Marx et de Cooper, il paraît que Sandra achève aujourd'hui ses études collégiales, a cessé de voler à l'étalage et retrouve goût à la vie. Quant à Antony et sa femme Cicely, en dépit des remontrances et des fessées, ils sont demeurés ses meilleurs amis.

Il serait donc temps, comme collectivité, que nous mettions de l'ordre dans ces contradictions flagrantes au niveau de la pensée: on ne peut impunément accabler sans cesse la famille de responsabilités nouvelles tout en affirmant du même souffle qu'elle «a fait son temps» et qu'elle est une institution moyenâgeuse tout juste bonne à jeter à la poubelle. Car l'absence chronique ou l'incohérence de nos politiques familiales depuis vingt ans tient d'abord à cette incohérence philosophique: dans notre jeune culture urbaine, la famille moderne n'a reçu ni définition nouvelle, ni mandat circonscrit, ni à plus forte raison de valorisation sociale digne de ce 174 nom. On devient enseignante, travailleuse sociale ou puéricultrice à force de diplômes, d'évaluations psychologiques, de tests d'aptitudes de toutes sortes. On devient encore père et mère souvent par hasard, sans brevet ni pré-requis...

Mais une fois qu'on l'est devenu, ce métier devient paradoxalement le plus exigeant qui soit: les pères et mères sont au boulot 24 heures sur 24 et 365 jours par an. Ils ne connaissent ni la pause café, ni les congés de maladie, ni le plan de retraite, ni la semaine de 40 heures. Leurs heures de sommeil ne sont même pas assurées par le relais d'une équipe de nuit et, lorsqu'il survient un pépin ou un échec dans le processus éducatif, ils sont assurés d'être les premiers suspects appréhendés par les nouvelles élites savantes de la société.

Les pères et les mères respirent comme tout le monde l'air ambiant. Ils sont comme tout le monde accrochés par les nouvelles idéologies de la libération et de l'épanouissement du «moi». Pourtant, de nos jours encore, la tâche qui les attend exige constamment d'eux la pratique quotidienne de rudes «vertus» démodées constamment battues en brèche par «le droit au plaisir». Plus personne n'ose parler aujourd'hui «d'oubli de soi», de «dévouement» et de «renoncement» (ça fait vraiment trop «grande noirceur»...) Mais qui pourrait, sans risquer la gifle, parler de «spontanéité» et d'«épanouissement du moi» en présence du jeune couple exténué qui tente péniblement d'élever trois jeunes enfants turbulents dans un petit logement menacé par la «rénovation urbaine»?

Vous avez lu un article consacré aux nouvelles méthodes «d'écoute active» en éducation? Vous êtes-vous imaginé un instant ce qu'exige en termes d'espace physique, de disponibilité temporelle, d'équilibre et de maturité personnelle la pratique régulière de cette merveilleuse méthode dans une famille de taille moyenne où les deux conjoints travaillent? Ce n'est pas la famille comme telle qui est aujourd'hui dépassée, c'est cette vision abstraite, charriée d'on ne sait où, et voulant que les parents se comportent obligatoirement comme des modèles de maturité, de science et de désintéressement de par le seul effet de leur activité procréatrice. 175

Les enfants du Québec continueront encore longtemps d'être fabriqués et élevés par des hommes et des
femmes ordinaires et limités et qui n'auront pas tous
été psychanalysés et délivrés de leurs complexes. Certains de ces enfants auront même besoin d'être éventuellement protégés contre ceux-là par des législations
opportunes comme celle qui se propose désormais de
venir en aide aux milliers d'enfants maltraités quotidiennement chez nous. Mais il n'est pas suffisant de sévir
légalement contre ces parents abusifs qui se mettent
subitement à rouer de coups un bébé sans défense. Il
faut se demander aussitôt après à quels stress inhumains, à quelle solitude insupportable, à quels dénue-
ments insoupçonnés sont confrontés ces hommes et ces
femmes déments qui se retournent brutalement contre
«la chair de leur chair» au point d'y voir un agresseur et
une menace à leur propre survie?

Si nous ne sommes pas encore convaincus collectivement que le bébé éprouvette et le kibboutz constituent
des solutions valables de remplacement, il faut cesser
de traiter la famille québécoise comme une sorte de di-
nosaure ou de pestiféré d'extrême droite. Les jeunes
couples qui acceptent aujourd'hui d'assurer la relève
des générations auront de plus en plus besoin d'être
épaulés pour bien remplir leur mandat face aux réalités
nouvelles. Ce n'est pas parce que les couplets d'antan
sur «la reine du foyer» nous apparaissent démodés que
les mères et les pères de famille n'ont plus besoin de
sentir que leur travail demeure utile et apprécié. Ce n'est
pas parce que les pensionnats et les mouvements de
jeunesse d'autrefois ont fait leur temps que les familles
n'ont plus besoin de conseillers et de cellules relais pour
leur permettre de souffler un peu et de voir un peu plus
clair dans leurs innombrables problèmes. On peut même,
m'assure-t-on, être «de gauche» et croire encore en la
famille!

VERS DES ÉTATS GÉNÉRAUX DE L'ÉDUCATION?

Quelle que soit à long terme l'issue du débat stratégique qui, tout au long de l'année '75-'76, aura opposé gouvernement et enseignants, les mois écoulés auront fait ressortir un certain nombre d'éléments nouveaux susceptibles de transformer profondément notre vision du monde scolaire. Ainsi, par exemple, *pour la première fois, parents et professeurs ont commencé à se parler sérieusement.*

Je ne sais si c'est à la célèbre publicité de Labatt que l'on doit cette tardive conversion, mais il semble que l'expérience amène de tous les matraquages passés ait fini par porter des fruits salutaires chez les dirigeants de la C.E.Q. Cette fois-ci, ils ont pris eux-mêmes les devants auprès des parents afin d'éviter qu'une fois de plus cette année le syndicalisme enseignant ne devienne le bouc émissaire de tous les maux qui sévissent actuellement dans le monde scolaire. D'une façon générale ce changement d'attitude a produit des résultats fructueux et rapides.

Mais cette contrition imparfaite, consentie *in extremis,* n'est pas suffisante si, à long terme, on envisage de reprendre à zéro, comme il devient urgent de le faire, le problème de l'école au Québec. Dès l'année scolaire prochaine, il faudra de toute évidence que nous jetions tous ensemble les assises permanentes d'un autre front commun: celui qui institutionnaliserait enfin les rapports parents-étudiants-enseignants dans une sorte d'États généraux de l'éducation. Plusieurs facteurs militent en faveur d'un tel projet:

1. Si l'on met provisoirement la sourdine au vocabulaire utilisé et que l'on consent à mettre momentanément entre parenthèses le bloc des solutions proposées par les deux parties, on s'aperçoit que le diagnostic se révèle aussi sévère dans le discours créditiste que dans le *Manuel du 1ᵉʳ mai:* l'école québécoise est devenue 177

monstrueuse et malade, elle n'est pas au service de nos enfants, elle est même en passe de devenir une énorme machine stérilisante pour la créativité et l'esprit critique. Or cette rare unité de diagnostic sur la question de l'école permettrait sans doute de jeter les bases de tels États généraux susceptibles de réunir un début de consensus national au-delà des partis politiques et des allégeances économiques.

2. L'année dernière une régionale, celle de Chambly, prit l'initiative de tenir une semaine entière d'assises critiques sur les fruits du Rapport Parent. Une telle expérience se devrait d'être désormais étendue à l'échelle du Québec tout entier. Trop de Québécois soupçonnent que, peut-être dans le domaine de l'école comme dans celui de l'organisation hospitalière, on a cédé une fois de plus à la séduction de théories d'emprunt importées de toutes pièces et déjà désuètes dans leur pays d'origine. Sabrant ainsi à cœur joie dans nos institutions traditionnelles, les réformateurs scolaires des années '60 ont contribué inconsciemment plus qu'aucun autre groupe social sans doute à faire éclater le tissu social de notre milieu rural : les fameux «autobus jaunes», trimballant des heures durant par les chemins défoncés des écoliers ensommeillés et arrachés précocement à leur milieu naturel, sont devenus le symbole vivant de l'exil spirituel de toute une génération. Dans ces luxueuses polyvalentes aux pissotières de marbre, le tapis mur à mur est à son tour devenu l'étendard de la culture du supermarché. Désormais le choix des options à l'école répond parfaitement dans nos habitudes de vie à celui des dentifrices et des détergents.

3. Durant toute la durée de la Révolution tranquille les mandarins des «nouvelles pédagogies» eurent beau jeu d'impressionner les parents. Ces derniers, éberlués, acceptèrent avec émerveillement, par exemple, de voir déferler, semestre par semestre, de nouvelles théories révolutionnaires d'apprentissage de la lecture au point que chaque enfant d'une même famille avait finalement droit à la sienne propre ! Les bulletins scolaires, rédigés par ordinateurs, se proposèrent d'évaluer en «stanines» les progrès des «s'éduquants» dans lesquels, il devient de plus en plus malaisé aux non-initiés de reconnaître

les bons et les mauvais points de leur petit dernier... Cette période de passivité impressionnable et muette s'achève fort heureusement. Dans un autre domaine, celui de la santé, les Québécois commencent en effet à contester le langage hermétique et l'individualisme aristocratique du corps médical. Lorsque leur santé est en jeu, ils veulent dorénavant comprendre et participer.

En éducation, parents scolarisés ou moins scolarisés souhaitent également de plus en plus nombreux juger l'arbre à ses fruits: après dix ans de laboratoire expérimental vivant, nos enfants parlent-ils et écrivent-ils tellement mieux que leurs aînés? Sont-ils plus familiers que leurs devanciers avec leur histoire et la connaissance de leur milieu? Ont-ils acquis un esprit logique, des méthodes de travail intellectuel, des habitudes de lecture, un esprit critique et personnel susceptibles de faire d'eux, demain, des citoyens actifs et créateurs? Si les parents obtiennent trop de «non» à ces questions fondamentales, c'est qu'il est devenu urgent d'intervenir.

4. Quelle que soit leur allégeance politique, nombre de parents commencent à se poser de sérieuses questions. Quelles sont, par exemple, les véritables priorités d'une société qui, à ancienneté égale, trouve bon que dans une même famille un officier de police touche $27 000 par an, un opérateur de bétonneuse $22 000 et un professeur $12 000?

Tandis que l'école du peuple s'anémie de plus en plus au Québec, le secteur privé renaît de ses cendres. Mais s'attaquer aux subventions du secteur privé équivaut désormais à donner des coups d'épée dans l'eau. À gauche comme à droite, des parents de plus en plus nombreux, riches ou pauvres, désertent au prix de sacrifices financiers parfois héroïques cette école publique qui a englouti tant de leurs espoirs. C'est cette école-là, celle du peuple québécois, qu'il faut sauver tandis qu'il en est temps. Moins qu'aucune autre collectivité, les Québécois ne peuvent se payer le luxe de laisser bousiller la matière grise de toute une génération.

DU PAIN SUR LA PLANCHE EN ÉDUCATION

Parmi les nombreux défis que le gouvernement Lévesque doit relever, celui qui consiste à redonner aux Québécois la confiance perdue dans leur système d'éducation publique reste l'un des plus urgents.

Dans tous les pays et sous tous les régimes politiques, l'école demeure une question névralgique. Non seulement parce que les valeurs qu'elle transmet influent directement sur la sorte de contrat social qui sous-tend toute forme de vie en société, mais aussi parce que toute mesure sociale qui touche à l'enfance suscite chez les parents-citoyens des réactions souvent beaucoup plus viscérales que leurs options politiques, sociales et partisanes. Ce qui, idéologiquement, apparaît «bon» pour soi ne sera pas nécessairement jugé en pratique «assez bon» pour son propre enfant. Nous connaissons tous, bien sûr, de ces collectivistes inconditionnels de l'école qui inscrivent en catimini leur propre progéniture à l'école privée...

Malgré l'ampleur de la tâche qui attend le nouveau gouvernement, ce dernier peut cependant compter sur l'appui quasi unanime de la population. Au Québec, hormis peut-être la caste très circonscrite des technocrates chargés d'en perpétuer le statu quo, le système scolaire actuel trouve chez nous de bien rares et bien timides défenseurs. Dénonciations chocs émanant des syndicats d'enseignants, désaffection inquiétante des parents en matière de participation scolaire, déception, ennui chronique, *droping-out* ou vandalisme chez bon nombre d'étudiants. Trop de phénomènes convergent, en effet, pour que l'on puisse miser sur quelques technicalités bureaucratiques pour redresser rapidement la situation.

Cette convergence d'ailleurs s'avère remarquablement constante quelle que soit la sorte de lunette idéologique que l'on choisisse de poser sur son nez: du document à saveur marxisante de la C.E.Q. au lamento créditiste, une extraordinaire unanimité de diagnostic ressort infailliblement. Que l'on fasse remonter la source de tous nos maux à la perversité intrinsèque de la «classe dominante» ou à celle de la «classe socialisante-laïcisante» importe assez peu, à vrai dire, puisque tout le monde, au bout du compte, s'entend assez bien pour conclure que «ça ne peut plus continuer comme ça»...

«Ça», c'est l'école-usine où l'élève est devenu un matricule et l'enseignant un exécutant aligné sur sa chaîne de montage. «Ça», c'est le savoir «en conserves», chosifié en casiers étanches par un système d'options prématurées, pauvres en contenu et que ne relie ni n'anime plus entre elles la poursuite d'une culture fondamentale et collective.

C'est l'école-gadget obsédée par les nouvelles quincailleries pédagogiques que ne cessent de lancer sur le marché forcément captif de la pédagogie les facultés de sciences de l'éducation.

C'est l'audio-visuel et la vogue électronique se substituant progressivement à la relation individualisée maître-élève. C'est le divorce consommé par un utilitarisme professionnel entre la formation globale de la pensée et l'acquisition nécessaire de certaines techniques spécialisées.

C'est, enfin, le mythe de la facilité à tout prix, nourri par je ne sais quelle aberrante méconnaissance des attentes concrètes des jeunes en matière de liberté ou quel délire obsessionnel de la «répression» chez les faiseurs de méthodes d'apprentissage. Comme s'il était subitement devenu «policier» et «totalitaire» d'imposer des gammes au pianiste, la barre fixe à la danseuse ou le régime alimentaire au coureur de fond, on s'est mis à bannir progressivement de l'école un nombre incalculable d'exigences minimales de mémorisation, de discipline, de rigueur intellectuelle ou d'exactitude orthographique. Plus «épanouis», plus «eux-mêmes», plus «chez eux» à l'école pour tout cela les jeunes? Il est permis d'en douter.

Dans une remarquable série d'articles consacrés à l'éducation par le magazine *Châtelaine,* la journaliste Madeleine Ouellette-Michalska fait état d'une enquête 181 fort significative menée auprès des étudiants du niveau secondaire. Les adultes prendront connaissance avec intérêt de certaines attentes et de certains diagnostics pour le moins étonnants de la part de nos bébés-Spock-devenus-grands :

(...) 52% des garçons s'estiment satisfaits de la polyvalente contre 43% des filles. *Mais ni l'un ni l'autre groupe ne souhaite y envoyer ses enfants* : 59% des filles et 54% des garçons. Et ce sont les garçons qui, les premiers, souhaitent un redressement de la discipline : 44% contre 38% chez les filles (...)

(...) 68% des étudiants *ne connaissent pas le nom de leur directeur ou directrice d'école* et 49% n'ont eu ni rencontres de groupes ni de rencontres individuelles avec eux (...)

(...) 79% des élèves souhaiteraient le retour au cours magistral et l'unanimité se fait entre eux sur le rejet des méthodes audio-visuelles (...) 59% des garçons déplorent une grave carence en français. Leurs remarques en postscriptum en témoignent : «Je ne suis pas c'est cours», «Je ne suis pas contre en au temps que c'est intéressant» etc.

On pourrait allonger la liste à l'infini... Quand on lit cela, on est vite amené à conclure que de tenir la suppression des subventions à l'école privée comme une panacée universelle à tous ces maux consiste à élever un mur de Berlin pour empêcher les citoyens de penser (à tort ou à raison) que «c'est peut-être mieux de l'autre côté de la clôture». Éliminer son concurrent n'a jamais rendu qui que ce soit plus sain, plus robuste, ni surtout plus attrayant.

Le mal inquiétant dont souffre l'école publique n'est d'ailleurs pas d'abord d'origine économique : nos luxueuses polyvalentes regorgent d'appareils coûteux, de labo, de gymnases, de tapis mur à mur et de merveilles technologiques. Ce mal se situe ailleurs. Il y a des objectifs essentiels en matière de culture fondamentale et nationale que nous devons nous redonner de toute urgence en tant que peuple : la matière grise, contrairement au béton, reste une matière éminemment périssable.

POUR UNE ÉCOLE DÉMOCRATIQUE

Les parents qui, comme moi, ont aujourd'hui inscrit à l'école québécoise des enfants de niveaux cegep, secondaire et élémentaire, mesurent chaque jour avec effarement le décalage qui s'accentue constamment entre les hautes visées démocratisantes entrevues à l'époque du Rapport Parent et la réalité quotidienne de l'univers scolaire.

Le Rapport Parent, en effet, avait été conçu à l'époque où le choix des parents était forcé de s'effectuer entre des collèges classiques payants, mais donnant accès aux professions libérales, et un cours public sommaire conduisant directement au marché général du travail.

En conséquence, l'une des priorités des années '60 fut naturellement de voir à supprimer cette barrière socio-économique qui avait, par le passé, tenu à l'écart des postes les mieux rémunérés de la société quantité d'élèves doués qui n'avaient pas eu la chance, en cours de route, soit de décrocher une bourse soit de voir intervenir en leur faveur quelque éducateur mécène et débusqueur de jeunes talents mal nantis.

Avec l'avènement du ministère de l'Éducation, croyait-on, tous les enfants qui en auraient les dispositions pourraient désormais, sans entraves, accéder enfin à l'Université.

Seconde ambition du Rapport Parent: rassembler sous un même toit et englober dans un même organigramme, celui de l'école polyvalente, aussi bien le secteur «général», héritier rajeuni, sophistiqué et «optionnalisé» du défunt cours classique, et le secteur «professionnel», né de la création ou de la fusion rapide d'une multitude de cours commerciaux et d'écoles de métiers. Dans l'esprit des instigateurs de la grande réforme de l'éducation, ces transformations radicales de structures 183 semblaient porteuses de miraculeuses promesses de démocratisation.

Déjà on imaginait, frayant dans un nouveau coude à coude égalitaire, futurs savants et futurs travailleurs réunis par le langage d'une culture désormais commune. Pourtant, dix ans, quinze ans après, immense déception généralisée...

Dans les couches sociales plus favorisées, celles dont les enfants avaient bénéficié autrefois de «l'âge d'or» des collèges classiques, on se plaint amèrement aujourd'hui de la dégradation de la qualité de l'enseignement et tout particulièrement, entre autres, de la qualité du français, de l'histoire et de la philosophie, matières qui constituaient autrefois les piliers des «humanités». On y déplore aussi avec effarement le relâchement disciplinaire, le vandalisme, la drogue qui ne favorisent guère, aux yeux de ces parents, l'acquisition de rigoureuses et indispensables méthodes de travail intellectuel.

Dans les couches sociales moins favorisées, particulièrement celles où les parents détenaient eux-mêmes une assez faible scolarité, les attitudes sont plus complexes, et certaines, tout à fait inattendues.

Soumission craintive et muette de nombre de petites gens écrasés par une quotidienneté sans espoir et qui estimeraient déplacé d'oser critiquer un si beau «cadeau du gouvernement»!... Sans se rendre compte que tout le réseau de l'école publique, financé à même leurs propres taxes, leur appartient pourtant de plein droit et en tout premier lieu...

Incompréhension déroutée de nombre d'autres devant le jargon alambiqué et sophistiqué véhiculé à l'école et qui contribue encore davantage à piéger, dans leur cas, le rapport parents-éducateurs. Bien futée en effet, la mère d'un enfant «inadapté» de milieu défavorisé qui se reconnaîtra en moins de plusieurs semaines dans l'invraisemblable glossaire utilisé en haut lieu pour parler de «l'enfance exceptionnelle»...

Vieux réflexes enfin, explicables certes par les valeurs d'une ancienne société rurale traditionnellement chapeautée par quelques notables. Mais réflexes qui amènent, contre toute attente, des masses démesurées d'étudiants de classes terminales à se prévaloir de leur droit d'accès démocratique à l'université. «Cette année, confie un professeur de droit, il y a 1200 étudiants qui terminent leurs études: il n'y a évidemment pas d'emploi disponible pour tout ce monde. Que va-t-il leur arriver? L'an dernier, le Barreau, qui impose également ses propres examens avant d'accorder le droit de pratique à nos diplômés, en a recalé les deux tiers! Pour ces jeunes, c'est terrible, après tant d'années d'études; ne faudra-t-il pas commencer à envisager un certain contingentement à l'entrée?»... En sciences humaines, la situation est pire encore: nous aurons certainement à brève échéance au Québec bien plus d'anthropologues que d'Esquimaux à observer.

Mais cette pléthore de futurs chômeurs instruits traduit en elle-même une persistance très grave du clivage des classes sociales dans les mentalités profondes des familles et des employeurs. Le compagnonnage scolaire factice des futurs ingénieurs et des futurs plombiers à la polyvalente n'a pas suffi à revaloriser vraiment le secteur professionnel et ses débouchés dans les jugements de valeur secrets de la population... Pour bien des parents, un fils «à l'Université» reste un indéracinable synonyme de réussite sociale... Même si le tempérament et les talents innés de l'étudiant le prédisposeraient bien plus naturellement aux carrières où sa créativité et son habileté manuelle se trouveraient sans cesse requises, on le fera sécher inutilement dans les disciplines abstraites, symboles traditionnels d'ascension sociale. Même un propriétaire de station-service préférera embaucher comme pompiste un diplômé du secteur «général» plutôt qu'un finissant du «professionnel» pourtant bien mieux préparé à assumer des tâches manuelles! Mais inversement, plus graves encore s'avèrent les résultantes des classifications rigides et prématurées de l'école en voies «allégée», «régulière» ou «forte». Dès l'arrivée en maternelle, en effet, l'enfant issu d'un milieu instruit et aisé jouit d'une «avance» incalculable sur ses condisciples moins favorisés. Au plan de la langue maternelle, par exemple, son élocution, son vocabulaire, sa facilité de communication avec l'adulte le privilégient d'emblée avant même que l'apprentissage 185 de l'écriture et de la lecture ne soit amorcé. Élevé en compagnie d'adultes généralement éveillés aux méthodes actives en éducation et disposant en sa faveur de tout un matériel didactique de livres, disques ou jouets éducatifs, l'enfant, évalué à l'école d'après des critères d'excellence familiers et courants dans sa classe sociale, aura de bien meilleures chances qu'un enfant de milieu défavorisé d'être sélectionné «fort» ou «régulier» dès le début du cours élémentaire.

Or, les statistiques tendent à démontrer que les «faibles» regroupés précocement ensemble au nom d'une meilleure efficacité pédagogique réussissent en nombre désespérément réduit à se hisser par la suite dans un groupe plus avancé, même s'ils sont issus de milieux favorisés. Dès lors cette sélection implacable s'avère, à la longue, un nouveau facteur de clivage social qui gruge de plus en plus dangereusement le projet d'une école québécoise vraiment démocratique : les «faibles» se résignent trop souvent au secteur professionnel après que les «réguliers» et les «forts» ont envahi tout le «général»...

Pour vraiment démocratiser l'école, c'est au niveau des maternelles et des pré-maternelles, et, remontant plus loin encore, au niveau des jardins d'enfants et des garderies qu'il aurait fallu depuis longtemps mettre l'accent. Investir massivement en faveur de l'enfant défavorisé ou victime de troubles d'apprentissage à l'âge précoce où les carences d'un milieu familial frappé particulièrement par le paupérisme, le chômage ou la solitude d'un conjoint, risquent d'handicaper de façon définitive son développement émotif, social et intellectuel. Mais les maternelles-4 ans et les garderies font toujours partie d'un monde utopique et le secteur élémentaire, le plus décisif dans une formation humaine, reste le parent pauvre des budgets gouvernementaux.

Dès 1965, nous le savons maintenant, l'école québécoise, à peine sortie des limbes de son sous-développement, avait secrètement cessé d'être une priorité gouvernementale. Il aura fallu les aveux tardifs du ministre Garneau en 1972 pour nous confirmer la triste réalité. Quelle action radicale les Québécois ne devront-ils pas envisager désormais pour espérer encore renverser la vapeur et sauver l'école publique de sa lente dégradation?

L'ÉCOLE CONFESSIONNELLE
A-T-ELLE FAIT SON TEMPS?

Les débats publics entourant la question de confessionnalité scolaire n'ont certes pas fini de faire couler beaucoup d'encre dans un Québec dont les options religieuses se sont diversifiées à un rythme accéléré depuis les années '60.

À lire les statistiques qui, année après année, ont illustré la baisse progressive de la pratique religieuse dans notre milieu, on serait tenté de conclure hâtivement que, dans l'esprit des Québécois, l'école confessionnelle a visiblement fait son temps. Et certes, ce diagnostic comporte une grande part de vérité. Ainsi l'enquête Wener menée en 1975 par le Comité de restructuration scolaire de l'île de Montréal et portant sur *Les Aspirations des parents face à la religion et à l'école* nous révélait que 33% seulement des parents inscrits comme «catholiques» pratiquaient régulièrement leur religion. Qu'importent alors les étiquettes «catholiques» ou «protestantes» que l'on plaque sur une école, la vie quotidienne qui s'y déroule et l'enseignement qui s'y dispense seront vraisemblablement à l'image de ceux et celles qui la peuplent. Élèves, professeurs ou commissaires reflètent fidèlement l'ensemble de la société dont ils sont issus. Et cette société, devenue progressivement pluraliste et multiconfessionnelle finit par générer, en pratique, un type d'école qui s'approche bien davantage de la neutralité effective que de cette confessionnalité qui «imprégnerait l'enseignement de toutes les matières» et dont rêvent toujours certains militants catholiques.

Paradoxalement cependant, les désirs des Québécois en matière scolaire sont loin de refléter avec réalisme le sens de cette évolution. Ces mêmes Montréalais dont le taux de pratique religieuse atteint à peine les 33% se retrouvent tout à coup 88% en faveur de l'éducation religieuse lorsqu'on leur demande quel type d'enseignement ils souhaitent voir donner à leurs enfants... Et, ce qui plus est, ces statistiques surprenantes ont reçu une confirmation cinglante à Montréal (grande ville déconfessionnalisée s'il en est!) lorsque les candidats du très conservateur Mouvement scolaire confessionnel (M.S.C.) ont été massivement portés au pouvoir par les électeurs.

On a trouvé beaucoup d'explications «techniques» à cet étonnant scrutin de Montréal. Faible taux de participation au vote, solide organisation du M.S.C., appui sympathique de l'archevêché et de certains curés. Mais ces explications demeurent certainement partielles si l'on songe qu'après tout la population montréalaise, majoritairement non pratiquante, a depuis belle lurette cessé d'aligner ses intentions de vote sur celles des évêques et des curés. Quant au M.S.C. lui-même, par l'intransigeance et le conservatisme de ses thèses, il était loin de jouir au départ de l'adhésion massive de l'ensemble des chrétiens dont les éléments les plus progressistes demeurent fortement allergiques au style de «croisade pour le pouvoir» qui caractérise trop souvent les troupes de choc de madame Adeline Matthieu.

Lorsqu'un quartier comme Montréal-Centre, un bastion de l'électorat péquiste où se recrutent les partisans les plus radicaux de la déconfessionnalisation scolaire, de la suppression de l'enseignement privé et de l'avortement sur demande, se donne simultanément comme commissaire d'école un candidat appuyé par l'Association des parents catholiques, il y a lieu de se poser de sérieuses questions et de faire preuve moins d'esprit partisan que d'imagination dans nos tentatives d'explications!

J'en risquerais volontiers une pour ma part: le Québec commencerait à illustrer, à l'instar des vieilles sociétés sécularisées de l'Europe, ce que les sociologues appellent le phénomène d'*éthisation* de la religion. Selon le sociologue québécois Normand Wener, qui fut personnellement directeur de la recherche au moment de l'enquête itinérante de la Commission Dumont en 1972, puis à celle du Conseil de restructuration scolaire de l'île de Montréal en 1975, la société québécoise cesse 189 progressivement, en effet, de voir dans la religion catholique l'option radicale de foi et d'appartenance à l'Église qui l'a toujours caractérisée. De plus en plus, par ailleurs, elle se préoccupe de son rôle historique de *régulateur moral* du comportement et de la formation des jeunes, rôles qu'elle souhaiterait encore lui voir jouer aujourd'hui. L'Église ayant en effet cessé d'être aussi menaçante qu'autrefois en termes de structures et d'institutions, on s'y réfère à nouveau, avec un brin d'attendrissement nostalgique, parce qu'elle a longtemps représenté une sorte de «garde-fou moral» pour la jeunesse. Tels ces vieux athées militants du début du siècle qui, en France, continuaient cependant de faire instruire leurs fils et leurs filles chez les jésuites ou les Dames du Sacré-Cœur...

L'Église après Vatican II, au Québec, a peut-être d'ailleurs d'autres projets en tête que celui de jouer les anciens préfets de discipline dans les polyvalentes et les Cegeps du ministère de l'Éducation. Il faudrait, dans les mois à venir, continuer de clarifier la signification déroutante de ces statistiques dans un milieu qui semblait volontiers, jusqu'à ce jour, vouloir associer l'époque de «la grande noirceur» à celle de «l'école des Frères et des Sœurs»!

Certes un tel retour au passé est inimaginable aujourd'hui: l'unanimité religieuse n'existera plus jamais au Québec et la baisse des vocations religieuses dans les communautés enseignantes en témoigne. Mais en revanche, existera toujours chez les parents, dont le ministère de l'Éducation veut augmenter les pouvoirs par le truchement de leurs comités d'école, un attachement continu à certaines valeurs éducatives et morales de l'école que la culture religieuse d'autrefois a certes contribué à façonner dans l'esprit de beaucoup de gens. Discipline, respect de l'environnement et du bien d'autrui, goût de l'effort et de l'excellence personnels, sens civique et communautaire, sens des responsabilités et méthode de travail, voilà autant de valeurs «morales» que les parents privilégieront tout autant dans leurs requêtes à venir que la correction orthographique, la rigueur mathématique, la connaissance de l'histoire nationale ou de la langue seconde.

Tous les soubresauts et les transformations qui ont secoué l'école québécoise depuis quinze ans ont amené sur la scène scolaire un tel défilé, parfois cacophonique, de thèses nouvelles, d'idéologies socio-politiques, de méthodes pédagogiques insolites et d'inégale valeur, que, sans doute, beaucoup de parents n'ont jamais réussi à s'y retrouver tout à fait. Se référant spontanément au seul type d'école qui leur était familier, beaucoup d'entre eux (...88%) se sont sans doute dit, nonobstant leurs convictions religieuses personnelles (...33% de pratiquants), que l'école confessionnelle d'autrefois «ce n'était peut-être après tout pas si mal».

Compte tenu de ce verdict populaire récent, il est douteux que le gouvernement juge politiquement rentable de déconfessionnaliser massivement dans les mois à venir l'ensemble du système scolaire québécois. Mais ce respect de la démocratie ne doit empêcher personne de poursuivre une réflexion prospective. La nostalgie de l'école du passé ne résoudra en rien le défi qui demeure le nôtre de redonner des orientations et un contenu solides et modernes à l'école québécoise. Mais ce ressac «à droite» des récentes élections scolaires à Montréal aura appris à tout le monde que les parents, lorsqu'il s'agit de leurs enfants, préféreront toujours le cheval et la voiture au bolide de course, surtout s'ils croient ce dernier piégé par en-dessous.

«Duplessis? Connais pas...» avouaient les jeunes répondants d'une enquête effectuée, il y a quelques mois. Mais pas seulement Duplessis. Cartier est devenu une conciergerie, Champlain un pont, Maisonneuve une marque de cidre. Personne ne se souvient que la rue Sanguinet à Montréal doit son nom à celui d'un Patriote de 1837 exécuté au Pied-du-Courant. Quant à Papineau, il peut toujours courir après sa tête...

Pendant ce temps, le futur Premier ministre des années '90 est vraisemblablement en train d'achever ses études secondaires dans une polyvalente du ministère de l'Éducation. Si d'aventure il s'agit d'un petit Mozart de la politique, peut-être termine-t-il tout juste sa sixième année primaire? En ce cas, il y a de fortes chances qu'il ignore encore tout de la trilogie: «Cartier 1534 — Champlain 1608 — Maisonneuve 1642». Hors quelques informations parcellaires du programme cadre en sciences humaines en effet, il n'a pas encore reçu une seule heure d'enseignement systématique en histoire nationale.

S'il est au secondaire et confronté à l'hypermarché des options, notre Premier ministre en herbe pourra, au grand maximum, compter sur une possibilité de trois ou quatre cours d'histoire. À condition toutefois d'avoir consenti à lui sacrifier, année après année, d'autres matières tout aussi vitales que la géographie, la physique ou la chimie.

Enfin, comme il faut tout prévoir, si notre futur chef d'État était une femme, il lui aura également fallu choisir l'histoire «contre» les options éminemment «féminines» de la dactylo, de la couture ou de la pose des bigoudis!...

Actuellement, au Québec, le jeu des options permet à deux finissants sur trois de terminer leur secondaire sans avoir étudié une seule page d'histoire nationale.

Or l'histoire est aux nations ce que la psychologie est à la personne. Il n'est pas indifférent à l'équilibre mental d'un individu et à sa gouverne personnelle de savoir de *quel* père et de *quelle* mère il est issu, et d'être prévenu par l'expérience humaine de ses prédécesseurs des périodes charnières de la vie que sont adolescence, mariage, ménopause ou vieillesse.

L'histoire nous apprend, comme peuple, à reconnaître nos racines et notre identité, à diagnostiquer nos crises de croissance, ou la dégénérescence de nos systèmes. «Grimpés sur les épaules de nos devanciers, nous voyons plus loin qu'eux», disaient les jeunes Romantiques. À condition, bien sûr, de savoir encore qu'on a eu des devanciers! Des aînés confrontés à des choix similaires, tentés par les mêmes expériences, victimes des mêmes stratégies. Et d'en tirer profit. Mais en 1974 au contraire, nous sommes en train de fabriquer dans les écoles des orphelins de l'esprit.

L'ENFANT DANS LA CULTURE QUÉBÉCOISE

C'est un lieu commun de toute littérature que de jumeler ses valeurs d'enfance et ses valeurs d'avenir. Les sociétés les plus diverses par leur origine, leur évolution et leurs projets en font autant, chacune selon leurs modalités culturelles. Depuis la Chine de Mao jusqu'aux jeunes pays africains, chacun investit dans sa jeunesse avec une générosité et une intensité qui constituent la mesure profonde de leur dynamisme national. Cet élan instinctif des hommes qui, se sachant mortels, veulent assurer par ailleurs la pérennité de la civilisation qu'ils représentent, déjoue parfois les calculs rationnels des planificateurs. La réponse déroutante du Tiers-Monde, que les famines endémiques n'ont pas encore persuadé de freiner systématiquement sa population, illustre bien notre propos. L'enfant constitue pour tous un révélateur culturel universel qui totalise à la fois l'expérience consciente des hommes et le bagage atavique ancestral qui les guide parfois prioritairement à leur insu...

Au Québec, la signification culturelle de l'enfance subit présentement une mutation profonde comme c'est le cas pour tous les pays qui ont dû passer, en l'espace d'une ou deux générations, d'une société de type rural à une société de type industriel.

Dans la société rurale du Québec traditionnel, l'enfant était, dès son jeune âge, intégré à la société des adultes. À peine alphabétisé, il contribuait, selon une répartition des tâches codifiée par la coutume, à la production collective. Nourrir les volailles, garder le pâturage, sarcler le potager, voilà autant de contributions efficaces assumées par l'enfance à un âge où, aujourd'hui, on attend plus d'elle que les activités du jeu... ou la passivité de la consommation. À l'époque où l'agriculture ne connaissait encore ni la motorisation, ni l'automation, l'enfant constituait certes une richesse et la famille nombreuse un investissement. L'enfant était fortement valorisé mais il n'occupait que très brièvement une place distincte au sein du monde adulte.

Longtemps la culture québécoise a conservé à l'égard de l'enfance la marque de cette particularité historique. Renforcée par les valeurs privilégiées que la foi chrétienne avait toujours attribuées à la famille, cette signification de l'enfance s'est toutefois mise à éclater de toutes parts dès que le support sociologique qui lui avait permis de prendre corps s'est trouvé profondément modifié.

Massivement scolarisée avec la Révolution tranquille, une grande partie de la jeunesse québécoise a été brusquement déracinée de sa culture d'origine. Ses liens étroits avec le monde adulte se sont soudainement amenuisés et, avec l'arrivée des Cegeps, sa participation au monde du travail soudainement repoussée jusqu'à l'âge de la majorité.

Rapidement sécularisée et urbanisée, la nouvelle société québécoise prend soudainement conscience des carences immenses de ses politiques champignons à l'égard de sa jeunesse: dans la nouvelle culture qui s'élabore sous nos yeux, personne n'a semblé prévoir clairement la place spécifique de ce nouveau citoyen «non productif». Mais beaucoup, toutefois, commencent à entrevoir que cette fonction de loisir et de gratuité, qui est soudainement dévolue à l'enfance, entretient des rapports étroits et mystérieux avec le renouvellement des ressources créatrices de toute la société.

La perplexité du monde adulte face à cette évolution rapide explique, tout autant que les facteurs socio-économiques, le phénomène de la dénatalité québécoise. L'enfance est devenue pour beaucoup une valeur culturelle ambiguë tant au plan personnel qu'au plan collectif.

Divisés en effet quant à leur avenir politique et constitutionnel, les Québécois pressentent en effet qu'une part de la nouvelle signification culturelle reconnue à l'enfance dépend en grande partie de l'orientation et du contenu de leur projet collectif. Ces années d'affrontements et de décisions, par leur radicalité, ne constituent certes pas pour eux le climat idéal pour réaménager les rapports entre l'enfance et le monde adulte... La germination harmonieuse des divers arts de vivre exige sans doute des périodes moins troublées que celles que traverse présentement leur collectivité. Mais sans doute la précision accélérée et définitive du sens de son destin contribuera-t-elle, une fois la chose faite, à remettre comme valeurs privilégiées d'avenir, les valeurs d'enfance au premier plan. Il faut oser l'espérer.

C'est dans une société en pleine mutation en effet que les échanges culturels bilatéraux entre le monde adulte et le monde enfantin deviennent une nécessité vitale; assurer d'une part la *continuité* sans laquelle une collectivité se coupe de ses racines nourricières les plus profondes, mais assurer en même temps le *renouvellement* et toutes les valeurs d'accueil et d'ouverture qu'il implique.

Dans la société nord-américaine, le mythe de la jeunesse distillé tant par les impératifs publicitaires que par l'inflation des «nouvelles pédagogies» issues des théories de Freud, Montessori, Spock, Neill et *tutti quanti,* ont fortement traumatisé le monde adulte et inhibé chez lui bien des fonctions essentielles et spontanées de transmission culturelle. Les sagesses populaires, devenues honteuses et muettes, ont confiné toute une génération d'enfants à une sorte d'orphelinat spirituel d'où les mass media ne les font sortir que pour les confronter au déroutant hypermarché de la nouvelle culture.

Pourtant, le mécanisme créateur du renouvellement n'est possible, paradoxalement, que lorsque le monde adulte accepte de proposer clairement une cohérence culturelle à partir de laquelle, fût-ce en réaction, le jeune élaborera librement la sienne: même la biologie enseigne que les cellules cicatricielles ne se multiplient pas lorsqu'on les prive de stimuli extérieurs, fussent-ils de nature agressive.

Il est évident, à titre d'exemple, que la création musicale d'un Charlebois, ou d'un groupe comme Beau Dommage prend ses sources dans une culture musicale dont une part importante demeure très classique. Le vide n'est générateur que de perplexité; mais chez André Gagnon, n'est-ce pas, à coup sûr, le choc de la mu-

sique baroque du XVIIIe siècle qui a provoqué la création rafraîchissante des *Turluteries* ?...

Une fois relié au monde adulte par des racines bien
identifiées, le jeune auquel de nouveaux choix culturels
sont proposés décrypte pour ses aînés les symboles
inédits du monde neuf qu'il aborde. Un peu comme ces
enfants d'immigrants qui, à partir de leur univers scolaire, initient leurs parents à la langue et aux coutumes
insolites de leurs pays d'adoption, les jeunes à leur tour
introduisent peu à peu leurs aînés dans la cité nouvelle.
Mais parce que le rôle de cet aîné a été activement tenu,
le jeune peut alors efficacement tenir le sien : dans ce
va-et-vient culturel, le chaînon n'aura pas subi de rupture.

Dans la culture rurale de nos ancêtres, le cultivateur
âgé décidait souvent, le temps venu, de «se donner à
son garçon». Par ce geste coutumier et grave, il transmettait de son vivant à son successeur un patrimoine
délimité et travaillé par lui jusque dans ses moindres sil-
lons. Mais en même temps, il lui ouvrait largement
l'avenir et acceptait d'avance de n'être plus, chez lui,
qu'un hôte respecté et consulté. Mais il était loin, pour
cela, de léguer un champ en friche, une étable vide, une
maison mal tenue, un savoir incohérent.

La crise actuelle que traverse au Québec le monde
de l'éducation nous rappelle l'urgence d'assurer à l'enfant ce double droit culturel : droit au *patrimoine* et droit
à *l'utopie créatrice*. Seuls les déracinés de l'esprit ver-
ront conflit ou contradiction entre ces deux besoins
fondamentaux que des millénaires de civilisation ont
identifiés à l'aide de légendes et d'allégories d'abord, à
l'aide de théories du comportement ensuite.

Lui-même signe culturel qui totalise nos espoirs de
durée, l'enfant québécois a une place à reprendre dans
notre monde adulte, celle de l'enfant silencieux qu'au
plus profond de nous-mêmes nous sommes demeurés et
qui tarde d'entrer en dialogue avec son fils ou sa fille.
Dans un pays si jeune, comment pourrions-nous être
trop vieux pour mettre au point le scénario de ces indispensables retrouvailles ?

DES AUTEURS D'ICI POUR NOS ENFANTS

Ayant recopié en bon élève le titre de l'article que l'on m'a demandé de rédiger, je me sens transportée vingt-cinq ans en arrière, lorsqu'en classe de rhétorique nous nous exercions à l'art du discours français. Le professeur divisait les élèves en deux camps et demandait au camp A de prouver la vérité de l'énoncé, tandis que le camp B devait s'employer à démontrer l'énoncé contraire...

J'ai l'impression que l'on pourrait artificiellement se livrer ici au même genre d'exercice: nos enfants doivent lire des auteurs d'ici, certes, mais, par ailleurs, l'enfance ne connaît pas de frontières et l'héritage du monde entier demeure son patrimoine. Voilà pourquoi j'estime prudent de ne pas entreprendre de savante dissertation en trois points sur le sujet. Ni surtout de me placer moi-même au cœur d'un faux débat cornélien où il me faudrait choisir entre les rameaux de l'arbre et ses racines ancestrales d'outre-Atlantique. Nos enfants, en effet, ne devraient pas avoir à choisir entre Baptiste et Astérix puisqu'eux aussi pourraient tout aussi bien reprendre à leur compte la fameuse inaugurale: «Nos ancêtres les Gaulois»...

Notre maître ès enfants, Saint-Exupéry, nous a d'ailleurs appris que la seule façon d'essayer de parler un peu sagement des enfants était de nous reporter à l'enfant que nous avions autrefois été nous-mêmes. J'essaierai donc, plus modestement, d'évoquer brièvement ce que l'écrivain d'ici a pu jadis apporter de spécifique à la petite fille que j'étais et qui commençait tout juste à réciter son alphabet l'année de la déclaration de la seconde guerre mondiale. Je tiens en effet à préciser cette année 1939 parce que (tous les historiens du livre d'enfants au Québec s'en souviendront sans doute) cet événement eut pour effet direct, à l'époque, de bloquer pour plusieurs années les importations de livres européens. Et pour effet indirect plutôt heureux de créer ici pour nos auteurs de jeunesse un marché inattendu et sans précédent...

C'était aussi l'époque où «l'odieux-visuel» (comme dirait Sol) n'avait pas encore détourné les mandarins de l'Éducation de l'idée, ma foi pas si folle, d'offrir des livres aux enfants à l'occasion d'un cérémonial printanier aujourd'hui révolu et qui s'appelait la «distribution des prix». En sorte que même les enfants de milieu culturellement défavorisé recevaient en prime pour leurs efforts scolaires les premiers éléments constitutifs d'une petite bibliothèque familiale qui allait en s'enrichissant de l'aîné au cadet. J'aimerais bien, par parenthèses, que ceux qui se sont donné aujourd'hui pour mission de démocratiser la culture et d'aider nos auteurs québécois se rappellent ce simple moyen du bord inventé jadis par nos aînés qui n'étaient pas si bêtes qu'on voudrait nous le faire croire.

Mais revenons à nos moutons. En 1939 donc, ni *Bécassine,* ni la *Semaine de Suzette* ne traversent l'Atlantique dangereusement sillonné par les sous-marins allemands. Dans la bibliothèque familiale, seuls survivent quelques grands classiques enfantins acquis avant la guerre. Les *Contes* de Perrault et ceux de Madame d'Aulnoy, *les Mille et une Nuits* des éditions Galland, les *Contes* d'Andersen dans une austère édition à couverture jaune du Mercure de France 1928, sans illustration aucune (mais je les relis encore tels quels à Matthieu et Amélie), *Prose d'Almanach* de Frédéric Mistral et les *Contes de la bûcheronne* d'Henri Pourrat. Je devrai même attendre l'armistice de 1945 pour découvrir les sombres gravures des ouvrages de la comtesse de Ségur dans la Bibliothèque rose de chez Hachette. Le texte, je l'aurai découvert avant, grâce à une simple édition brochée faite ici même par les éditions Variétés et illustrée par Jacques Gagnier. Jules Verne subira le même sort et combien d'autres.

En revanche je m'empiffrerai la guerre durant d'auteurs québécois. Le soir, après souper, avant l'avènement de la télévision, nos parents nous faisaient la lecture à haute voix. Papa mit ainsi un été entier à nous lire par tranches successives *Une de perdue deux de* 199 *trouvées* de Georges Boucher de Boucherville et je ne compte plus le nombre de fois où il dut récapituler pour notre plus grande joie les histoires de chasse-galerie, de diablotins, de revenants et de fiers-à-bras de l'intarissable Jos Violon créé par Louis Fréchette. Paraphrasant La Fontaine, je pourrais aujourd'hui écrire: «Si Tom Caribou m'était conté, j'y prendrais un plaisir immense!»... Quant à Jos Montferrand, il n'avait pas besoin de potion magique pour nous tenir éveillés par ses innombrables exploits. Et c'est bien dommage, soit dit en passant, que la nouvelle route Montréal-Québec ne nous permette plus de faire admirer aux enfants le quartier de rocher qu'il avait transporté d'un village à l'autre pour répondre à un pari...

Bref, quand nous abordions en ce temps-là le monde de la lecture, les récits de nos parents nous avaient déjà tout imprégné l'imagination de la magie des grands espaces de nos forêts et de nos rivières, de la gouaille spirituelle de nos coureurs de bois et de nos habitants. Nous lisions ensuite pêle-mêle Maxine, Marie-Claire Daveluy, Napoléon Bourassa, Marie-Louise d'Auteuil, Eugène Achard, Pierre Daviault, mais aussi bien des auteurs de contes qui, à l'origine, croyaient s'adresser aux adultes: Benjamin Sulte, Paul Stevens, Louis Fréchette, Philippe Aubert de Gaspé étaient de ceux-là. Plus tard, toujours pendant la guerre, des éducateurs et des animateurs de mouvements de jeunesse comme Guy Boulizon, Ambroise Lafortune, Gérard et Alec Pelletier prirent eux aussi la relève pour meubler nos loisirs littéraires... Qu'ai-je donc retenu et acquis d'essentiel au contact de ces auteurs de mon pays, à l'âge où se forme le goût de lire?

Je crois que le plus important don que l'écrivain national puisse faire à son enfant-lecteur, c'est d'abolir la détestable distance livresque qui existe trop souvent entre la création culturelle et la vie. Et en cette matière, même un écrivain dit «secondaire» peut réussir là où un étranger de génie risque d'achopper. Parmi les écrivains québécois dont j'ai cité les noms tout à l'heure, tous n'étaient certes pas des conteurs du calibre de madame de Ségur, née Rostopchine... Pourtant leurs créatures et leurs héros ont réellement habité *mon* pays:

ils ont navigué sur *mon* fleuve, habité une maison semblable à celle de mes vacances, glissé sur une rivière gelée que je connaissais bien et ils se sont barbouillé les joues d'une certaine confiture de gadelles dont je reconnaissais le goût entre mille saveurs exotiques.

Certes j'ai maintes et maintes fois relu avec enchantement la comtesse de Ségur: Les Petites Filles modèles», «François le bossu» et «Diloy le chemineau» ont été mes compagnons de jeu. Mais des compagnons les, François le bossu et Diloy le chemineau ont aussi lait: «mademoiselle» ou même: «monsieur le comte». Des enfants qui se promenaient en une charrette tirée par un petit âne dans d'étranges forêts taillées et ratissées en belles allées régulières alors que, d'expérience, je savais les nôtres sauvages, touffues, impraticables à force d'abattis et de fardoches...

Il m'aura fallu attendre vingt et un ans et une bourse d'études pour me retrouver un beau jour en France, au cœur de la Normandie où la célèbre comtesse avait situé le château de Fleurville, pour soudain découvrir avec mes cinq sens saisis d'émotion rétrospective ce que c'est qu'un «chemin creux», qu'une «lessive qui sèche sur un pré émaillé de pâquerettes», qu'une «place de marché», qu'une «modeste chaumière». Pour enfin «voir» ce que l'auteur avait sous les yeux quand elle traçait les mots: «château», «étang», «petit bois» et ce qu'elle entendait de flûté et de mélodieux en décrivant «le chant du coucou dans la ramée»...

Un peu plus tard, vers douze ou treize ans, je me souviens de m'être passionnée pour les récits d'escalade du romancier savoyard Roger Frison-Roche. Eh bien! j'ai retrouvé certaine de mes compositions françaises de l'époque: elle est toute truffée d'emprunts littéraires, «d'avalanches», de «moraines», de «séracs» et de «crevasses», tels que jamais je n'en avais pu observer en parcourant nos vieilles Laurentides usées jusqu'à la corde! Et le professeur les avait justement soulignés en rouge sur ma copie en me faisant remarquer que la description du mont Césaire n'avait que faire de ces vertigineux attributs alpestres...

C'est l'écrivain national, et lui seul, je crois, qui peut profondément réconcilier la littérature et la vie dans la sensibilité de l'enfant. Certes les grands thèmes et les grands mythes sont universels et la fée Carabosse a son pendant dans toutes les littératures. Mais si l'écrivain national est totalement absent des lectures du jeune enfant, je crois que, pour la vie, sa culture personnelle risquera de demeurer livresque. Cet enfant devenu grand se résignera à ce qu'entre le livre et sa quotidienneté la distance doive demeurer grande. Cela pourra, soit l'ennuyer à la longue de ne jamais se sentir totalement concerné par ce qui est dit (et il délaissera le livre), soit l'amener à fuir dans la littérature la vie réelle qui l'entoure. J'ai connu ainsi de ces collègues d'Université dont toutes les racines littéraires étaient de France (c'était hélas dans le goût de cette époque morose que d'avoir un peu honte de nos racines...). Jamais un père ou une mère ne les avaient fait rire, enfants, avec les tours et les gauloiseries de Tom Caribou! En sorte que ces collègues-là, parvenus à maturité, n'ont jamais réussi à écrire une ligne qui nous concerne ou à s'engager eux-mêmes dans le vaste mouvement de réappropriation culturelle qui soulève présentement les Québécois. Entre la vie de ce peuple et sa littérature, le pont n'avait jamais été jeté par leurs éducateurs de jeunesse.

On me dira que la littérature «du terroir» et les politiques «d'achat chez nous» par leur «étroitesse» risquent d'empêcher l'enfant d'accéder à «l'universel». Je n'en crois rien. Je crois plutôt que c'est le «particulier» exprimé avec forte puissance d'évocation qui nous permet au contraire de déboucher sur les grands thèmes fondamentaux de l'humanité. Car ces thèmes sont très peu nombreux, squelettiquement parlant, et les variantes culturelles proviennent surtout de la manière dont chaque époque et chaque peuple choisit de les habiller de chairs et de muscles. Petit mais roué, fragile mais astucieux, le mini-héros pourfendeur de grosses brutes empâtées, c'est bien sûr, Petit Poucet, c'est petit Claus contre grand Claus, mais c'est aussi Astérix le Gaulois, terreur du Pentagone romain... On pourrait en dire autant du thème du gros monsieur prétentieux glissant sur une pelure de banane (drôle sous toutes les latitudes) ou de celui du berger fort et loyal épousant une princesse lointaine et menacée.

Le livre de mon enfance qui avait ainsi battu tous les records de relectures, c'était précisément ce *Filleul du roi Grolo* de Marie-Claire Daveluy (1926). Le «berger» y était devenu un fils de bûcheron de la forêt québécoise. Blanche-Barbe XVIII, roi des gnomes, s'occupait à le recycler en matière d'éducation française et de bonnes manières et il quittait ensuite sa cabane de bois rond pour traverser des lacs innombrables à la recherche de son royal parrain, lequel habitait une sorte de château de la Loire féerique planté au beau milieu d'une forêt d'épinettes... Ainsi, les trois siècles d'émigration en Nouvelle-France avaient-ils merveilleusement enrichi l'imagerie traditionnelle du conte de fées français de nos horizons crevés de lacs, de nos odeurs de sapinage et même de nos métiers puisque les parents du héros avaient respectivement été garde-forestier et maîtresse d'école avant de «prendre le bois» pour de bon...

Outre les images, les sons, les couleurs, les goûts et les odeurs du pays, le texte du «cru» met aussi l'enfant en contact avec des modèles culturels originaux qui lui sont familiers et dont il serait trop long de faire ici l'inventaire. Parmi ceux-ci, par exemple, les classes sociales, les rapports entre les sexes ou entre parents et enfants. Tous ces sous-thèmes courent souvent en filigrane sous la trame serrée du récit. Mais l'enfant-lecteur, on le sait, capte tout et ne laisse jamais rien échapper. Les modèles culturels possèdent donc la redoutable puissance, soit de l'accrocher au récit par toutes les fibres de son propre vécu, ou encore de le laisser flotter à distance dans un sentiment confus d'étrangeté.

Ce n'est qu'une fois devenue adulte que j'ai compris pourquoi les fameux *Contes* du chanoine Schmid (Geneviève de Brabant, Rose de Tannenbourg, Henri d'Eichenfels et *tutti quanti*) m'avaient tellement ennuyée jadis... D'une part parce qu'historiquement nous avions échappé à la religiosité morbide de ce XIXe siècle allemand qui les avait inspirés, mais surtout parce que je ne reconnaissais en rien ma rieuse et forte mère dans ces créatures larmoyantes et souffreteuses qui collectionnaient les drames et les malheurs comme d'autres les papillons... Beaucoup de livres d'enfants venus d'Europe, à l'époque, m'ont ainsi toujours tenue à distance : 203

comment m'identifier totalement à une petite fille qui s'adresse à son père en l'appelant «monsieur» et que ce dernier, en guise de réprimande, met au cabinet noir «avec du pain sec et de l'eau»?... Quelle revanche chaleureuse au contraire lorsque j'ai lu et relu la réjouissante *Jeanne, fille du Roy* de Suzanne Martel par-dessus l'épaule de mes enfants : voilà enfin une mère comme il en pousse chez nous, jolies, drues et drôles, qui n'ont pas froid aux yeux et auxquelles on a envie de ressembler!

En parlant des filles du Roy, j'aimerais bien mentionner aussi la familiarité avec la dimension historique qu'apporte à l'enfant son compatriote écrivain. «Que l'on nous épargne, pour l'amour de Dieu, l'apparition de jeunes Barbares, dangereux déracinés, qui entreraient dans la vie avec la conviction qu'avec eux commence l'histoire du monde!» (C'est Lionel Groulx qui écrivait cela à la jeunesse québécoise de 1961...) À moi, jadis, les *Perrine et Charlot* de Marie-Claire Daveluy, les *Jacques et Marie* de Napoléon Bourassa, les Eugène Achard, les Guy Boulizon ont apporté non seulement des compléments d'information historique indispensables à ma volage mémoire d'écolière, mais surtout la part irremplaçable de l'émotion, de la sympathie et de la ferveur sans laquelle j'eusse abordé cette science vivante en me pinçant le nez comme lorsqu'on entre chez le taxidermiste...

Mais un grand nombre de ces beaux livres de mon enfance, je dois l'avouer maintenant, ont pris aujourd'hui quelques rides... Question de style d'abord : les enfants nés devant la télévision n'ont plus besoin d'un feuillet et demi pour imaginer clairement une tempête sur le lac Huron! Question d'idéologie aussi : il y a ici et là un certain paternalisme colonisateur envers «les bons Indiens» qui ne passe plus aussi bien la rampe qu'autrefois ; et, même croyante, je n'arrive plus à me consoler de la mort du petit «papoose» sous prétexte que le bon missionnaire a eu largement le temps de le baptiser...

Voilà pourquoi les écrivains québécois d'aujourd'hui doivent plus que jamais continuer d'écrire pour nos enfants : culturellement, ils sont les premiers responsables de leurs racines, celles irremplaçables qui se forment à l'âge de l'émerveillement et de la gratuité où l'imaginaire est un roi tout-puissant dont le royaume est un village...

SALUT À TOI, BOBINETTE...

Un modeste encadré de journal nous apprenait, il y a quelque temps, la mort prématurée de la comédienne Paule Bayard. Une mort discrète s'il en est. Pendant près de vingt ans, en effet, le petit visage rond et espiègle de l'artiste avait choisi de s'effacer au profit d'une voix devenue mythique: la voix grasseyante et pointue de notre Bobinette nationale...

Depuis plus de deux ans, une autre voix, celle de Christine Lamer, avait accepté de prendre la relève et s'était pliée à des prouesses phonétiques de virtuose pour que les jeunes téléspectateurs de Radio-Canada ne perçoivent pas trop brutalement la disparition de leur héroïne. Sur leurs disques favoris, toutefois, gravée et irréductible, Bobinette-Paule Bayard continue de s'inventer des travestis, d'entraîner son Bobino dans ses fabuleuses voyageologies, de donner des cours universitaires explosifs, d'atomiser le vocabulaire français en centaines d'irrésistibles particules sémantiques, et de traduire avec désinvolture «*Ave Caesar, morituri te salutant*» par: «Lavez vos armoires et mettez-vous sous la tente»...

Une voix, deux voix (avec celle de Bobino-Guy Sanche), un inépuisable créateur de textes (Michel Cailloux), une réalisatrice jamais blasée (Thérèse Dubé). Tel est, reproduit à combien d'exemplaires fidèles, le modèle attachant des équipes de production auxquelles nous devons peut-être la plus belle réussite culturelle du réseau français de Radio-Canada depuis l'avènement de la télévision: les émissions pour la jeunesse.

Tandis qu'au même réseau les émissions télévisées pour adultes sombrent de plus en plus nombreuses dans le mimétisme du 10, l'inflation des commerciaux et la bouderie généralisée envers la création autochtone, nos émissions enfantines originales, année après année, continuent de témoigner, bien au-delà des frontières canadiennes, de l'immense capacité d'humour et de poésie de nos créateurs.

Pendant près d'un quart de siècle ces émissions ont apporté beaucoup à ces millions de petits Québécois bourlingués par les soubresauts parfois grinçants du milieu scolaire. Elles leur ont procuré d'abord la familiarité avec une langue correcte, mais jamais guindée, un vocabulaire riche jamais précieux, mais source au contraire de plaisirs décuplés et insolites au chapitre de l'esprit.

Pour un Sol passé à la notoriété adulte, combien de Franfreluche, de Paillasson, de Nic et Pic, de Bidule, de Picotine, de Souris verte, de Chiboukis, de Moumoute ou d'Oraliens auxquels nous négligeons peut-être de rendre régulièrement hommage parce qu'ils défraient moins volontiers la chronique quotidienne des milieux artistiques. Et pourtant, leur travail consciencieux, leur merveilleuse intuition de l'univers enfantin, leur bon goût et leur inlassable invention ne cessent d'enchanter, bien au-delà de leur premier auditoire, des milliers de parents sensibilisés à l'importance de la création culturelle pour la jeunesse.

Quand on s'est donné un pays à bâtir, c'est dans cette jeunesse en effet que, d'instinct, on choisit d'investir en priorité. C'est donc pour nous un signe d'espoir non négligeable que de voir cet instinct toujours à l'œuvre dans le milieu prophétique des créateurs. Tant que les plus dynamiques d'entre les nôtres choisiront ainsi de demeurer branchés, par métier, sur les inépuisables réserves de santé, de bonne humeur et de poésie des enfants du Québec, notre combat politique continuera d'être sans cesse régénéré par la plus efficace des potions magiques!... Salut donc à toi, Bobinette! Et merci...

CINQUIÈME PARTIE

Balises de reconquête

15 NOVEMBRE 1976: LE COMPLEXE DU VAINQUEUR

Contre toute attente, et contre toute vraisemblance, l'article le plus difficile à écrire de toute ma carrière fut sans contredit la première chronique politique que je dus rédiger dans les quelques jours qui suivirent l'élection du 15 novembre. Il me semblait que j'étais frappée par une sorte de courbature mentale et que je n'arrivais pas à exécuter les mouvements requis pour m'être trop longtemps exercée en sens contraire. Assez anxiogène, la sensation: si je m'abandonnais à ma jubilation, n'allait-on pas m'accuser de vulgaire «partisanerie»? Mais alors devais-je pour autant m'ingénier à chercher des poux dans la tête des nouveaux élus pour la seule satisfaction de voir mon «objectivité» sauvegardée aux yeux de nos adversaires?

Dix ans, quinze ans d'opposition, avouons-le, ça vous braque une plume... En causant avec certains de mes collègues, je m'aperçus que je n'étais pas la seule à être secrètement atteinte par les symptômes d'inhibition de ce complexe du vainqueur. La même perplexité inattendue semblait être devenue momentanément le lot de plusieurs d'entre nous.

En 1973, la disproportion énorme entre le pourcentage de voix péquistes recueillies et le nombre de députés élus avait fait dire à un grand nombre de commentateurs que, désormais, l'opposition allait se retrouver «dans la rue». Dans la rue c'est-à-dire, entre autres, dans les salles de rédaction et les media où elle pourrait réussir à trouver audience. Relayer, épauler, multiplier, expliciter cette fragile opposition parlementaire afin de rendre le processus démocratique moins dérisoire, tel avait alors été en grande partie le sens de notre travail malaisé dans un paysage où l'option que nous défendions n'avait guère pignon sur rue dans les entreprises de presse du Québec.

211

En 1977, le paysage en question ne s'est guère modifié en dépit de la victoire péquiste. Ce n'est pas parce que le quotidien de la rue Saint-Sacrement s'est décidé *in extremis* à mettre un grain de sel de plus dans le plateau de la balance en notre faveur, le 14 au matin, que les règles du jeu s'en trouvent substantiellement changées. Un tour d'horizon circulaire allant de la presse anglophone à Power Corporation et des petits empires privés aux grands fiefs fédéraux suffit pour nous convaincre de cette dure vérité que les seules révolutions à se trouver légitimées un jour sont celles qui commencent par réussir toutes seules à la force des poignets. Et pour réussir, il faut que la nôtre, qui se veut pacifique et démocratique, aille chercher un «oui» éloquent du Québec au prochain référendum.

Dans pareille conjoncture, le journaliste complexé dont je parle se sent à l'étroit dans son nouveau mandat. Si, sacrifiant à un concept élevé, mais en l'occurrence assez abstrait de la démocratie, il réintègre machinalement sa vieille livrée d'oppositionniste en faveur cette fois des thèses de la «nouvelle minorité» québécoise (libérale, unioniste, anglophone, etc.) il est à peu près sûr d'être aussitôt récupéré par l'énorme majorité *canadian* et américaine. Une *vraie* majorité celle-là et qui, bien sûr, n'attend qu'un premier mot de blâme de sa part pour s'en faire un énorme capital politique contre l'indépendance. Après 1973, le pouvoir fédéral subventionnait, avec ce qui semblait être une admirable tolérance idéologique, certains petits projets et publications contre-culturels ou d'allégeance marxiste-léniniste. C'est d'abord et avant tout parce que ces adroits idéologues avaient fort bien su établir hors de tout doute leur compétence en tant qu'adversaires inconditionnels du nationalisme québécois incarné par le seul parti politique qui présentait alors des risques sérieux d'accéder un jour au pouvoir.

Pourtant le journaliste d'option indépendantiste ne cesse pas pour autant d'être par métier un fouineur et un questionneur. Reprenant, ressassant comme il se doit les questions simples (et même simplistes) de son public lecteur, il voudra toujours chercher à éclairer les zones d'ombre d'une décision gouvernementale. À débusquer les contradictions, les lourdeurs technocratiques, les penchants centralisateurs, les abstractions bureaucratiques. Voire les petits règlements de compte personnels auxquels l'accession au pouvoir fournit une tentation permanente dans des domaines où les Québécois ont été longtemps brimés ou frustrés. Et il sait fort bien que ce rôle critique est indispensable au nouveau gouvernement, ne serait-ce (et ce serait déjà énorme) que pour l'aider à éviter de mécontenter inutilement et par maladresse une population qui s'apprête à lui donner ou à refuser son «oui» au référendum.

Nous aurions tout à perdre à céder plus longtemps aux penchants contradictoires du complexe du vainqueur. Car le premier piège de cette inhibition serait de nous amener insidieusement et une fois de plus, à intérioriser la vision que l'adversaire se fait de nous et qu'il cherche à nous imposer subtilement (relire à cet égard *Le Canadien français et son Double*, de Jean Bouthillette...) Et ce faisant, cette fois, de nous persuader que «le pouvoir est toujours le pouvoir» et que «le gouvernement péquiste est un gouvernement comme les autres». Or nous sommes bien certains cette fois, et viscéralement, qu'il n'en est rien et que pour la première fois nous sommes responsables du premier levier vraiment efficace qui pourrait permettre à ce peuple de choisir avec lucidité et maturité son propre destin et d'y engager avec la gravité qui se doit sa propre descendance. Il ne s'agit peut-être déjà plus d'un «simple gouvernement majoritaire», mais plus vraisemblablement du premier ébranlement d'une force collective qui aurait enfin choisi sa direction.

«Croyez-vous que les Québécois aient réellement voté pour l'indépendance le 15 novembre 1976 ou s'ils n'ont pas plutôt voté pour un simple changement de gouvernement?» demandait quelqu'un à un organisateur libéral défait: «Ils devaient pourtant savoir ce qu'ils faisaient, soupira le vaincu, parce que, si le P.Q., lui, a essayé de leur cacher, nous, en tout cas, on n'a pas cessé de le leur crier sur tous les tons durant toute la campagne!»

Le complexe du vainqueur aujourd'hui, ce serait de sombrer dans cette coquetterie d'intellectuel qui faisait 213 dire au poète Valéry: «Quand je rencontre quelqu'un qui pense comme moi, je commence aussitôt à m'inquiéter!» Nous allons être de plus en plus nombreux au contraire à penser désormais notre avenir dans les mêmes termes. Il ne s'agit plus d'avoir honte du pouvoir. Il s'agit désormais de le prendre à bras le corps et de l'exercer courageusement.

15 NOVEMBRE 1977... CES ARBRES QUI CONTINUENT DE NOUS CACHER LA FORÊT

La victoire électorale dont nous fêtons l'anniversaire aura pris plusieurs d'entre nous par surprise bien que nous éprouvions tous, en la préparant chacun à notre manière, un certain sentiment d'imminence. Voilà pourquoi jusqu'au 14 novembre au soir et même tout au long de la journée du 15, nous attendions confusément une sorte de «grand coup» de la part des Libéraux. Et pourtant, rien de sérieux n'est venu: ni convoi de la Brinks, ni insurrection appréhendée, ni intimidation, ni violence dans les bureaux de scrutin. La victoire est passée, sans rencontrer d'embûches majeures dans un corridor en apparence parfaitement lisse. Une élection presque comme les autres.

À une vingtaine de mois avant le référendum, nous sommes à nouveau sur le qui-vive attendant encore de voir venir, du côté de l'adversaire, quelque chose de consistant en proportion, précisément, avec «l'énormité» de l'option que nous proposons. Or jusqu'ici la montagne n'a accouché que de souris, l'idée d'un commonwealth francophone, pour ne parler que de celle-là, semblant promise à une mise en marché aussi prometteuse au Québec que ne le serait une opération de marketing en faveur du champagne écossais. De telles souris, en outre, semblent transporter leur fromage avec elles. Jamais, par exemple, l'argent du fédéral ne s'est infiltré plus généreusement au Québec qu'il ne semble disposé à le faire présentement dans le domaine des arts. Mais l'opération reste à double tranchant. Certains peuvent caresser le rêve d'acheter, de museler ou de fonctionnariser massivement les artistes du Québec. De les retourner contre ce gouvernement du Parti Québécois qu'ils ont collectivement contribué à faire élire par le long ensemencement de leur création depuis les années '60. Le procédé peut s'avérer partiellement rentable pourvu que 215 le jupon ne dépasse pas trop... Car une fois la mèche éventée, dans le domaine des arts comme dans d'autres, l'électorat québécois pourrait bien conclure (ainsi que le faisait remarquer Gérald Godin dans *L'Actualité* de novembre) que jamais le fédéralisme ne s'est avéré aussi rentable pour les Québécois et pour les francophones hors Québec que depuis le jour où un gouvernement indépendantiste a pris pignon sur rue à Québec.

Entre ce rôle de Père Noël malgré lui et celui de tonton-macoute que préconise un Donald Creighton (suggérant, par exemple, de nous déporter massivement à un mille des rives de la voie maritime du Saint-Laurent ou d'abolir la Loi des langues officielles au Canada), la valse-hésitation devrait se poursuivre encore un temps. Mais qui peut prédire aujourd'hui à laquelle de ces deux tendances profondes, la maso ou la sado, la passion de l'unité canadienne finira par céder à l'approche du référendum québécois?

Dans cet entre-deux où à n'en pas douter se fourbissent les armes, un discours officiel s'élabore cependant, semaine après semaine, auquel il convient de prêter attention car il s'agit de la réédition d'un vieux procédé historique: celui qui consiste à mobiliser les valeurs éthiques *individuelles* contre le projet d'affirmation *collective* des Québécois. Le procédé en question a été utilisé avec relativement de succès après la Conquête de 1760, après la rébellion de 1837, au moment de la crise de la conscription en 1942 et durant celle d'octobre 1970. À peine rhabillé de neuf, il a servi d'argument fondamental à toutes les forces d'opposition à la Loi 101. Mais sous la livrée séculière des «droits de l'homme», il reprend à son compte l'ancien argument religieux qui sous-tendait, par exemple, le mandement de Mgr Briand à ses curés au moment où, en 1775, quelques paroisses beauceronnes s'étaient permis un flirt «indépendantiste» avec les troupes des rebelles américains du général Arnold. Religieuse ou laïque, la «vertu», aujourd'hui comme hier, est et sera encore mobilisée au service du statu quo.

Dans *Dernier Recours de Baptiste à Catherine*, Michèle Lalonde a bien fait ressortir comment l'Église québécoise avait dû, autrefois, troquer son droit de célébrer

et d'enseigner contre une prédication axée sur la bonne

entente entre les peuples et qui servait directement les intérêts du Conquérant. Cette prédication présupposait que l'on occulte constamment la réalité collective d'un peuple dominé en lui faisant miroiter l'espoir d'une longue addition de destins individuels mieux réussis. Occulter l'idée même de *peuple* en morcelant et en privatisant son espoir collectif, tel était et tel demeure encore à l'heure actuelle l'argument majeur du discours qu'il nous est donné d'entendre une fois de plus à travers les nouvelles figures de style dont il s'habille. Mais la bataille du référendum doit, comme celle du 15 novembre, se gagner de porte à porte, vote par vote, et de personne à personne. Il conviendrait donc que tous ceux qui parlent, écrivent et militent sachent, en bons pédagogues, procéder phrase après phrase à l'analyse logique et grammaticale de ce discours moralisateur. Car au fur et à mesure qu'elles seront mises en circulation, ces diverses versions ne tendront qu'à un seul et même but : associer un sentiment de culpabilité et d'échec à l'idée d'indépendance. D'un côté un fédéralisme moderne, généreux, accueillant, ouvert sur le monde et ses diversités. De l'autre, un nationalisme québécois attardé, replié sur lui-même, xénophobe et paranoïaque.

En 1837, les Patriotes rebelles encouraient des sanctions ecclésiastiques sévères. Rien de tel au paysage de 1978 où l'Église ne jouera vraisemblablement aucun rôle d'intervention. Les rares théologiens québécois sont devenus, en matière politique, d'une discrétion et d'un effacement exemplaires. Quant aux anglophones, quelques-uns d'entre eux continueront, en cercle restreint, d'associer étroitement les valeurs éthiques de l'œcuménisme avec celles du fédéralisme et leur démarche donnera, un temps encore pour ceux que cette dimension préoccupe, une sorte de caution religieuse implicite à la thèse fédéraliste.

Mais si un néo-cléricalisme n'est guère à redouter aujourd'hui (quoi qu'en pense M. Trudeau), il serait présomptueux de conclure hâtivement que l'argumentation éthique rencontrera peu de résonnances dans l'inconscient d'une société aujourd'hui largement sécularisée. Les critères de jugement moral ont trop longtemps été définis, au cours de notre histoire, par une Église d'abord soucieuse de perfection *individuelle* pour nous permettre de croire qu'en moins de quinze ans les Québécois aient réussi ce tour de force d'élaborer, pour eux-mêmes et sur une base séculière, une éthique *collective* assez raffinée pour donner, du tac au tac, la réplique à ce genre de discours. Cette sorte de vacuum, devenu très sensible au moment des débats sur la Loi 101, constituera encore, dans les mois à venir, une sorte de fragilité du côté de la pensée indépendantiste.

À côté des droits individuels dont on nous rebat les oreilles, existent aussi des droits collectifs que nous ressentons tous viscéralement, mais qu'il faut apprendre à mettre en un discours éthique plus ordonné et plus cohérent. Tant que nous n'aurons pas psychanalysé avec succès cette zone confusément «coupable» de notre inconscient collectif, les Dale C. Thomson auront beau jeu d'associer nationalisme et fascisme, ou d'essayer de confondre dans les esprits perplexes le processus de décolonisation des petites nations avec l'impérialisme raciste de certaines grandes puissances auxquelles le Québec ne saurait être comparé qu'en tordant jusqu'au bout du ridicule les faits et la réalité.

Le discours fédéraliste nous le redit encore: c'est la somme des compétences *individuelles* de ses citoyens qui fondent la destinée et la valeur d'une nation. Les lois et les constitutions n'y peuvent rien, sauf de brimer, en ce faisant, les libertés de la personne. Cette occultation systématique de la dimension collective de notre destin et ce refus de la voie politique comme choix de niveau d'intervention continueront d'être les arbres qui nous cacheront quelques années encore la forêt. La forêt, c'est cette réalité d'un peuple en marche qui se choisit lui-même avant de choisir ses alliances. Charité bien ordonnée commence par soi-même: voilà le critère moral auquel on voudrait à tout prix nous faire un crime de recourir. Quelques années encore, à l'instar de ce héros de cinéma que l'on avait conditionné à éprouver la nausée à l'audition de la musique de Mozart, certains feront en sorte que les grands vents de la liberté fassent encore

trembler d'appréhension et de culpabilité les plus pacifiques et les plus fragiles d'entre nous. Seule une nouvelle morale collective saura leur redonner conviction et sérénité dans leur option.

Après des mois de débats passionnés où l'apport de la froide raison n'a pas toujours constitué l'élément dominant, le Québec s'apprête à vivre sous une nouvelle législation linguistique. Selon l'expression de son ministre parrain, le docteur Camille Laurin, la loi 101 sera appelée à faire, à long terme, du Québec «une province aussi française que l'Ontario est anglaise». Sur cette visée générale de la nouvelle loi, l'unanimité pouvait logiquement sembler possible à réaliser.

Historiquement, en effet, les Québécois francophones ont jusqu'ici manifesté une résistance opiniâtre et victorieuse à l'assimilation culturelle anglo-américaine. Plus particulièrement depuis le milieu de ce siècle, ils ont en outre recommencé à se percevoir et à s'affirmer comme une nation véritable et distincte. Là-dessus, ce n'est certes pas le Parti Québécois qui a tardivement attaché le grelot: René Lévesque gambadait sans doute encore en culottes courtes sur les plages de la Gaspésie lorsque les premières affirmations nationales du Québec commencèrent timidement à se manifester. Depuis les années lointaines des régimes Duplessis, Lesage et Johnson cette voix-là n'a pas cessé de se faire entendre et au contraire s'amplifier quelle qu'ait été l'alternance de couleur des partis au pouvoir. En cette matière, le PQ recueille donc un long mandat populaire, exprimé à certains moments de son histoire récente de façon laborieuse ou maladroite, mais qui ne cessait de réclamer avec persistance pour le Québec des outils supplémentaires d'affirmation collective.

Historiquement aussi, les Québécois anglophones comprennent assez bien le caractère irréversible d'une telle affirmation collective (qu'il ne faudrait surtout pas confondre avec la thèse du caractère irréversible de l'indépendance...). Ils savent même que, le Parti Québécois dût-il être défait aux prochaines élections, les choses ne seront plus jamais comme avant. Qu'une «marche arrière» ne sera plus jamais possible pour les francophones du Québec. Et cela parce que les avantages économiques concrets qui découlent d'ores et déjà de leur plus grande accessibilité à la maîtrise de leurs affaires leur ont donné le goût définitif d'une liberté et d'un type d'action dont les politiciens à venir, quels qu'ils soient, ne les guériront pas facilement.

En outre, les Québécois anglophones savent bien que l'affirmation culturelle québécoise, à supposer que le Québec accepte encore de demeurer dans la Confédération, constituera toujours un bouclier non négligeable pour contrer l'envahissement du Canada par les modes d'être, de vivre et de penser de la culture américaine. «Vive la petite différence!», se plaisent-ils à dire en parlant du caractère français du Québec...

Mais, paradoxalement, le prix à payer pour «la petite différence» est apparu exorbitant à plusieurs d'entre eux au cours des débats dont nous avons été témoins ces derniers temps. Exorbitant surtout au chapitre de l'épineuse question scolaire qui n'a pas manqué d'éveiller chez eux des charges émotionnelles particulièrement intenses. Car, à ce chapitre, la nouvelle loi propose aux anglophones du Québec une sérieuse cure d'amaigrissement: désormais il ne leur sera plus possible d'assimiler par le biais de l'école, et comme ils l'ont fait depuis treize ans, 85% des nouveaux arrivants au Québec. Le secteur d'enseignement anglophone devra désormais être réservé en exclusivité à ses véritables destinataires: les Anglo-Québécois d'origine. Chirurgie éprouvante, reconnaissons-le, pour une minorité qui, jusqu'ici, s'est toujours accrue et développée grâce à des privilèges qui lui conféraient un statut anormal de majorité assimilatrice des immigrants.

Et pourtant, la «chirurgie» québécoise de la loi 101 découle de la pleine juridiction qu'ont les provinces en matière d'éducation. En outre, elle va donner aux Anglo-Québécois une situation infiniment meilleure que celle qui prévaut actuellement pour les francophones dans les provinces anglaises. On a beaucoup parlé, et avec véhémence, de «coercition abusive» et «d'atteintes aux droits de la personne» au Québec ces derniers mois. *Et pourtant, jusqu'à ce jour, toutes les autres provinces canadiennes ont adopté des lois contraignantes en matière de langue d'enseignement. Six provinces en effet ne prévoient aucun accès à l'enseignement français. Quant à celles qui le prévoient, elles exigent qu'il y ait, sur place, «une population suffisante pour la justifier».* Ce qui faisait lancer, récemment encore, des cris d'alarme aux porte-parole des diverses associations regroupant les francophones hors Québec qui, presque tous, se sentent à juste titre menacés d'extinction plus ou moins lente.

La loi 101 ne sera donc pas, à cet égard, une loi revancharde: elle offre au contraire aux anglophones du Québec un réseau scolaire complet, depuis la maternelle jusqu'à l'université, et qui sera entièrement financé à même les fonds publics du Québec. Qui dit mieux en Ontario, au Manitoba, au Nouveau-Brunswick?... Si donc, dans le sillage de la loi 101, il devait se produire une riposte «œil pour œil, dent pour dent», les gouvernements provinciaux anglophones ne réussiraient en effet qu'à améliorer chez eux le sort de nos compatriotes francophones.

Ou alors, tactique infiniment malheureuse à la veille du référendum québécois, ils manifesteraient grossièrement qu'il n'y a plus de place pour les francophones dans un Canada uni et amèneraient, de ce fait, une eau inespérée au moulin des thèses indépendantistes.

Pendant des décennies et des décennies, est-il utile de le rappeler, les écoles françaises de l'Ouest du Canada ont été maintenues en vie à coup de quêtes publiques massives faites dans les églises et les écoles du Québec. Qu'on se rassure donc: personne n'aura à quêter dans les églises du Canada anglais pour financer les écoles anglophones du Québec... Les Québécois sont bien trop occupés à se définir eux-mêmes pour perdre leur temps précieux en vaines représailles historiques.

UN DRÔLE DE MARIAGE

Élu en 1968 sur une double ambiguïté, M. Trudeau pourrait bien quitter un jour la scène politique entraîné par la force d'inertie de la même équivoque. Porté au pouvoir par les Québécois pour promouvoir leur culture et leurs droits menacés, il attisa au contraire de telle sorte les sentiments autonomistes de ses anciens compatriotes que bien des amateurs de paradoxes le tiennent aujourd'hui pour l'un des grands artisans de la victoire péquiste du 15 novembre.

Choisi par les anglophones comme l'homme fort, capable de remettre une fois pour toutes «le Québec à sa place», M. Trudeau ne cessa par ailleurs de les indisposer par ses politiques de bilinguisme, brandissant sans cesse contre les récalcitrants la menace constante du séparatisme québécois.

Les anglophones, loin de se voir payés de leurs onéreuses concessions par une paix constitutionnelle chèrement acquise, se retrouvent aujourd'hui avec la menace bel et bien réalisée: le Parti Québécois est bien en selle à Québec. Quant aux Québécois, ils ont vite reconnu à la télévision, et cela dès le 15 novembre 1976 au soir, les accents inflexibles et familiers du Trudeau de la crise d'octobre '70.

Mais si, en octobre 1970, la loi des mesures de guerre avait pu, à court terme, convenir assez bien aux partisans de la force pour garder le Québec insubordonné dans la Confédération, ce scénario un peu gros aux entournures ne saurait guère convenir, et M. Trudeau le sait bien, aux lendemains d'une élection québécoise démocratique. Voilà pourquoi le Premier ministre a d'ailleurs semblé écarter l'hypothèse d'un recours éventuel à la force advenant un référendum favorable à la sécession.

Mais la rigidité est une livrée morale dont on ne se départit pas aisément. Sa logique implacable condamne 223 généralement l'homme politique à tourner en rond dans le ciel des abstractions, tandis que l'opinion publique galope allégrement loin devant lui sous la poussée irrésistible d'enjeux bien concrets.

M. Trudeau, prêchant le caractère éternel et inamovible de la Constitution canadienne «qui ne prévoit aucun mécanisme pour permettre à une province d'en sortir», ressemble fort à un juge qui refuserait de prononcer un divorce parce qu'au moment de leur mariage, rien dans la formule de consentement des époux ne faisait allusion aux modalités d'une séparation éventuelle. Ou à un pape qui refuserait la pilule au XXe siècle sous le fallacieux prétexte que saint Thomas, au Moyen Âge, n'en parlait pas dans ses écrits. Ces jongleries désincarnées ne convainquent plus personne aujourd'hui. Les lois et les constitutions sont des outils au service des hommes et de la vie, et le gros bon sens dicte à chacun que lorsqu'elles oppriment les hommes ou contrent la vie, il faut de bonne foi consentir à les modifier ou à les changer par voie de franches négociations.

Ce beau mariage confédératif dont M. Trudeau nous dit en outre qu'il ouvre de soi la voie à «la charité et à l'espérance bibliques», les historiens nous apprennent, en outre, qu'il a plutôt été conclu de justesse et qu'il présentait plus de ressemblances, à l'époque de ses préparatifs fébriles, avec le mariage forcé qu'avec le mariage d'amour. En 1867 en effet, si les députés ontariens votèrent massivement pour la Confédération, il était loin d'en aller de même du côté de la députation québécoise. Les partisans du «pour» l'emportèrent de justesse sur les partisans du «contre» par un vote de 26 «oui» et 22 «non». Et lorsque vint le temps de proposer le recours à un référendum populaire pour régler l'épineuse question, l'idée en fut rejetée à 84 voix contre 35, la majorité des voix dissidentes provenant massivement du Québec. Mais tout comme aujourd'hui, les Québécois étaient à l'époque loin d'être les seuls empêcheurs de danser en rond.

En 1865, soit deux ans avant la Confédération, le Nouveau-Brunswick avait porté au pouvoir un parti franchement hostile au projet confédératif. Dès 1868, soit un an après, puis de nouveau en 1886, la Nouvelle-Écosse se donnera à son tour des gouvernements «sépara-tistes» dont les prétentions furent rejetées par Londres qui allégua ne pouvoir s'immiscer de la sorte dans les affaires canadiennes en prêtant l'oreille aux doléances d'une province contestataire.

En 1929 la commission Duncan sur «les revendica-tions au sujet des désavantages qu'endurent les Pro-vinces Maritimes à l'intérieur de la Confédération rap-pellera enfin à ceux qui risqueraient de l'oublier que le ménage à neuf n'a pas toujours filé le parfait bonheur auquel M. Trudeau aimerait nous faire croire.

En 1977, l'option indépendantiste a pour de bon pignon sur rue à Québec. Mais au Canada anglais, ce qui plus est, une multitude d'hommes et de femmes réalistes se permettent d'observer désormais qu'entre la souveraineté-association de M. Lévesque et une nouvelle forme d'association canadienne qui comporterait pour le Québec «une certaine forme de souveraineté» il n'y a peut-être pas la distance infranchissable et «cri-minelle» scandaleuse que les slogans électoraux ont voulu y mettre jusqu'ici?

Mais pour opérer ces subtils et délicats rappro-chements tactiques, M. Trudeau, aux yeux de ces anglo-phones pratiques, est-il encore l'homme de la situation? Quand l'heure semble être davantage aux exercices d'assouplissement qu'aux parades de combat, il faut savoir consentir, quand il en est encore temps, à aller changer de livrée.

EST-IL ENCORE TEMPS DE JOUER?

Il y a quelques années à peine, la grande majorité de nos concitoyens anglophones réagissaient comme réagissent la plupart des hommes devant les revendications des femmes. Ils se contentaient de fréquenter les seuls francophones susceptibles de leur filtrer les tranquilles vérités qu'ils se sentaient disposés à entendre. Pendant des décennies et des décennies, des cohortes d'hommes politiques, d'universitaires, d'essayistes et de journalistes du Québec défilèrent sous les lustres des clubs sociaux de Toronto, partagèrent avec leurs homologues anglo-canadiens la dinde aux canneberges dans de belles salles à manger lambrissées d'acajou pour répondre à l'éternelle question: «*What does Québec want?*»

De toutes ces rencontres éminemment civilisées entre gens modérés, cultivés et doués d'une grande ouverture d'esprit, il ressortait invariablement que le contentieux entre «les deux nations» était d'abord attribuable aux erreurs historiques de nos devanciers respectifs. Les Anglo-Canadiens battaient la coulpe de leurs pères chauvinistes pour avoir sauvagement déporté les Acadiens ou injustement supprimé les écoles françaises dans les autres provinces du Canada. Les Québécois battaient alors celle de leurs ancêtres bornés et analphabètes pour avoir longtemps préféré la littérature, l'agriculture et l'Histoire sainte au commerce, au bilinguisme et à l'industrialisation... Bref, tous ces contemporains extra-lucides se quittaient frères comme jamais après s'être mutuellement innocentés aux yeux de l'Histoire. Mais néanmoins tout étonnés et confus de se retrouver, quelques semaines plus tard, encore embarqués dans une Nième querelle fédérale-provinciale plus déchirante et hargneuse encore que les précédentes...

L'élection du 15 novembre 1976 a brusquement changé les règles du jeu de ces agréables diversions mondaines. Au Canada anglais, de nombreux citoyens se sont tout à coup réveillés de la torpeur où les entretenaient ces fidèles Québécois-de-service qui, mois après mois, venaient renchérir sur l'innocuité de ce groupuscule politique, le PQ, et sur la marginalité de certains phénomènes culturels comme la politisation des artistes et des créateurs.

Certains de ces Anglo-Canadiens ont alors commencé à mettre leur poing sur la table: «Assez de civilités et de ménagements. Qu'on nous amène désormais au micro de vrais «durs». Nous voulons voir les authentiques irréductibles de l'indépendance et qu'on les entende tous une bonne fois: si le Canada est réellement atteint d'un cancer incurable, aussi bien en être avisés le plus tôt possible pour prendre nos dispositions.»

Ici et là, au Canada et au Québec, un nouveau type de rencontres s'amorcent peu à peu. Pas partout certes, ni encore moins entre quiconque! Mais il y a de ces vérités refoulées de part et d'autre qui commencent à circuler au grand jour. Car il est impossible, depuis le 15 novembre, d'occulter plus longtemps l'idée d'indépendance comme s'il s'agissait toujours de la vision chimérique de quelques marginaux. Que l'on se réunisse pour parler aujourd'hui du prix des œufs, du syndicalisme, des garderies, de la rénovation urbaine ou de la venue des Expos au stade Olympique, désormais au Québec, l'interlocuteur gouvernemental incarne et véhicule cette idée-là. Par chacune de ses réponses à chacune de ces questions, il ajoute, touche par touche et jour après jour, un détail concret de plus au portrait de cette société nouvelle où le Parti Québécois nous proposera éventuellement d'entrer par voie de référendum.

À cette clarification des enjeux, nos concitoyens anglophones ne peuvent désormais répondre que par des contre-propositions tout aussi franches et concrètes: ils doivent nous dire au plus tôt dans quel type précis de Canada renouvelé nous pourrions espérer nous retrouver si d'aventure nous choisissions de nous rendre aux arguments du «Canada uni» et de voter «non» au référendum.

Mais, contre toute attente, ce nouveau type de franchise s'est avéré jusqu'ici très peu brutal. Il semble mettre au contraire en relief, et c'est là son caractère inquiétant depuis la dernière élection québécoise, deux visions de la réalité politique, deux objectifs de sociétés et deux échelles de valeurs culturelles qui ont presque cessé de se heurter pour la bonne raison qu'elles se rencontrent de moins en moins fréquemment. Comme sur ces échangeurs routiers où les voyageurs ne cessent de s'entrecroiser sans toutefois jamais se retrouver véritablement face à face...

Oui, au Canada et au Québec, on a commencé à se parler de choses sérieuses depuis le 15 novembre. Mais le diagnostic proféré il y a plus de dix ans par l'un des présidents de la Commission Laurendeau-Dunton nous hante presque tous. Est-ce déjà en dépit de tous ces efforts tardifs: «Trop peu et trop tard?»... «Too many and too late?...» Messieurs les Anglais, à vous de jouer: rien ne va plus comme avant au pays du Québec.

LA QUESTION DU RÉFÉRENDUM : C'EST PARTI !...

Depuis la fin de la dernière guerre mondiale, plus d'une centaine de pays nouveaux ont accédé à leur indépendance. Ces jeunes États occupent aujourd'hui un siège distinct aux Nations Unies et y exercent un droit de vote égal à celui des grandes puissances dont ils étaient autrefois les colonies.

Dans le sillage de ce mouvement de décolonisation et d'autonomie nationale, se dessine aussi au sein des grands pays et même des grandes cités de nets mouvements de décentralisation qui cherchent à rapprocher le pouvoir des citoyens et à opposer aux bureaucraties distantes un visage plus humain et plus familier de l'État. Jamais, à travers le monde occidental, n'a-t-on autant parlé de «gouvernements régionaux» ou de « conseils de quartier»...

«*Small is beautiful*» proclament un peu partout les esprits novateurs : tels les dinosaures devenus trop lourds et trop voraces pour assurer eux-mêmes leur subsistance, les États vampires, les villes tentaculaires semblent pomper toute vie autour d'eux après avoir, sous prétexte d'efficacité, tenté de niveler toutes les différences et d'atténuer toutes les originalités locales.

Mais, parallèlement à ce retour aux unités politiques plus petites que constituent la nation, la région ou le quartier, se dessine également une tendance mondiale au regroupement sur une base d'intérêts sectoriels. Les États arabes producteurs de pétrole, par exemple, se rencontrent au sein d'un organisme central, l'O.P.E.P., chargé de veiller aux intérêts communs que tous ces pays possèdent dans la prospection, l'exploitation et la mise en marché de «l'or noir». Le Marché commun européen, de la même manière, regroupe au plan économique certains outils de planification de gérance et de mise en marché dont l'unification semble bien servir les intérêts respectifs des pays membres. Les pays nordi- 229 ques, de leur côté, se sont depuis longtemps dotés d'organismes centraux qui exercent aussi un mandat spécifique de nature surtout économique sans porter ombrage aux domaines strictement dévolus aux compétences nationales.

C'est au nœud de ce double courant que l'on pourrait appeler «indépendance-et-regroupement» que vont s'articuler dans les mois à venir toutes les discussions qu'il nous sera donné d'entendre autour de la question du référendum québécois. Le gouvernement du Québec voudra, bien sûr, décalquer la question sur la formule de la souveraineté-association qui a toujours constitué le label de son parti depuis sa fondation. Il voudra, comme c'est son droit, poser la question en des termes qui tiendront compte à la fois du courant «indépendance» qui le caractérise et du courant «regroupement» qui le complète.

À l'opposé, l'argument fédéraliste voudra forcer la question référendaire à proposer un choix absolu entre ces deux courants complémentaires en déclarant ces derniers incompatibles et irréconciliables. Refusant le label de la souveraineté-association, il persistera à vouloir imposer celui de «séparatisme» précisément parce que ce dernier évoque exclusivement l'idée de coupure et de rupture sans référence ou allusion à l'idée de «regroupement».

Gommer, escamoter, exclure l'idée «d'association» pour rendre l'option indépendantiste plus risquée et plus rebutante, telle sera, un temps encore, la ligne dure de la stratégie fédéraliste. De dignes universitaires anglophones, dont les professeurs Creighton ou Scott, ne professent-ils pas depuis plusieurs mois que jamais le Canada anglais n'acceptera de négocier d'association économique avec un Québec indépendant? Qu'il pourrait même aller jusqu'à exproprier les Québécois tout le long de la Voie maritime du St-Laurent, dût-il pour cela faire intervenir l'armée et faire couler un peu de sang au Québec?...

Cette ligne dure inattendue de la part de «démocrates» peut, à court terme, faire trembler quelques *bleeding hearts* (comme dirait M. Trudeau) et les inciter à voter «NON» au référendum. Mais pédagogiquement parlant, ses partisans risquent plus vraisemblablement de devenir eux-mêmes les véritables fossoyeurs de la Confédération. Qu'est-ce, en effet, qu'une véritable confédération bien réussie (comme un Marché commun bien réussi) sinon, précisément, une formule qui depuis 1867, aurait dû permettre aux deux nations qui étaient censées s'y regrouper sur une base volontaire, de promouvoir leurs intérêts communs tout en sauvegardant leur identité culturelle et la prise en charge de leur développement respectif? L'échec répété de l'harmonisation de ces deux tendances, depuis plus d'un siècle, a fait conclure aux indépendantistes que cette pseudo-confédération n'était qu'un travesti destiné à leur camoufler une situation coloniale d'origine à laquelle personne, au pouvoir central, n'avait vraiment renoncé du fond de son cœur.

En envoyant l'armée sur le Québec au moment du référendum, le pouvoir fédéral ne pourrait-il donc que confirmer cette interprétation gênante: sauf de nobles exceptions, la plupart des colonies qui, depuis le début du siècle, ont commencé à parler d'indépendance ont toutes reçu ainsi la visite plus ou moins courtoise des armées. Mais après un délai plus ou moins long (les affaires sont les affaires...), les puissances coloniales finissaient bon gré mal gré par s'attabler pour négocier les termes de leurs ententes économiques avec les nouveaux États. Si les Québécois vivent dans une vraie confédération et s'il en est encore temps, c'est un fédéralisme préalablement renouvelé *dans les faits* qu'on leur proposera d'ici le moment du référendum. Si, au contraire, c'est d'un char d'assaut ou d'une mitraillette qu'il s'agit, c'est qu'ils vivent encore dans une ancienne colonie. À eux donc de choisir d'y demeurer ou d'en sortir: bien d'autres, après tout, l'ont fait avant eux.

FRONT COMMUN ET RÉFÉRENDUM

Depuis la guerre des Fêtes d'été (la Saint-Jean *vs* la Confédération) tout le monde aura compris que le compte à rebours du référendum est enclenché. Désormais, bien rares seront les événements de l'actualité, en d'autres temps fort banals, qui ne se trouveront pas malgré eux politisés à bloc par l'imminence du vote référendaire. Les inconditionnels apolitiques doivent s'attendre à trouver la saison rude: la neutralité, cette année, risque de n'être confortable pour personne.

Mais si «la question» promet de s'infiltrer comme du grisou jusque dans nos dîners de famille, bien naïfs seraient ceux qui verraient venir la prochaine ronde des négociations du secteur public comme «un front commun comme les autres». Si elle n'est pas «tablée» comme telle en qualité de proposition, la question nationale sera, à n'en pas douter, omniprésente en filigrane tout au long des pourparlers aigres-doux qui mettront bientôt en présence l'État québécois et les centrales syndicales.

Certes, au niveau des discours officiels, il sera plus que jamais question de «sécurité d'emploi», «d'indexation au coût de la vie», de «champs d'enseignement» dans les écoles et de «services essentiels» dans les hôpitaux. Mais les vrais enjeux ne seront pas toujours mentionnés ouvertement et les vrais déchirements pas toujours avoués en termes clairs. À cet égard, la défaite d'Yvon Charbonneau à la présidence de la C.E.Q. préfigure déjà un certain nombre de choix difficiles que les syndiqués du prochain Front commun ne sauront différer ou mettre entre parenthèses aussi facilement qu'à l'époque où ils affrontaient allégrement un «système» libéral dont leurs chefs disaient qu'il fallait le «casser».

Un vieux principe de stratégie politique a beau vouloir «qu'on ne change jamais de cheval au milieu de la rivière», les enseignants, eux, ont bel et bien changé de président à la veille des prochaines négociations provinciales. Un président, pourtant, qui avait conduit ses troupes de victoire en victoire depuis des années et sous la gouverne duquel la petite maîtresse d'école d'autrefois était devenue une redoutable syndiquée qui pouvait, au besoin, faire plier devant elle administrateurs et fonctionnaires.

Ce ne sont donc pas les mauvais états de service du président sortant qui lui ont valu la défaite. Mais plutôt le fait que la logique de l'*establishment* d'allégeance marxiste auquel il s'était associé depuis des années risquait bientôt de placer les enseignants dans une situation intenable où ils auraient été contraints, à la veille du référendum, de choisir entre leur solidarité syndicale et leurs solidarités politiques personnelles.

Tant que cet *establishment* idéologique s'était employé avec diligence à leur décrocher des conventions collectives enviables, pragmatiques, les enseignants s'étaient montrés tolérants à l'égard des moyens utilisés et de l'idéologie invoquée. Après tout, quand on est prof, va-t-on s'effaroucher pour si peu que des mots du genre «État bourgeois», «culture dominante» ou «école de masse»?

Mais dans la logique même de ce discours idéologique devait fatalement venir le jour où le gouvernement du Parti Québécois serait décrit alors pour ce qu'il est: social-démocrate, donc, selon ce même discours, «capitaliste et petit-bourgeois comme les autres». Pas de pitié donc pour le Livre vert de son ministre de l'Éducation: le mot d'ordre vint que l'on boycotte aussitôt cette pseudo-consultation réformiste. Le mot d'ordre fut plutôt mal suivi et, quelques mois après, son auteur était remplacé par Robert Gaulin à la tête de la Centrale des enseignants du Québec. Or ce qui vient de se passer chez les enseignants pourrait tout aussi bien donner lieu à d'autres types de volte-face ou de soubresauts à la C.S.N. qui souffre, elle aussi en maints secteurs, d'un certain hiatus de pensée entre sa tête et sa base.

Le gouvernement qu'affrontera bientôt le Front commun, s'il s'est déclaré «un préjugé favorable à l'endroit des travailleurs», a également obtenu d'eux un «préjugé favorable» au moment de son élection. Histo-riquement, les tout premiers comtés montréalais à élire des députés péquistes (ils les ont, depuis, reconduits in-conditionnellement) furent des quartiers ouvriers et fran-cophones de l'Est de la métropole. Quant aux ensei-gnants, chacun sait qu'ils constituent sans doute le groupe social qui continue de fournir, bon an mal an, le plus haut pourcentage d'adhésions au Parti Québé-cois. Tous ces syndiqués ne se bornent pas, dans la vie, à être des membres dociles de leur centrale. Ils sont aussi des électeurs soucieux de protéger leur vote. Jus-qu'à présent, l'histoire nous enseigne que la plupart des tentatives des centrales pour essayer d'aligner le vote de leurs membres ont lamentablement échoué. C'est aux beaux jours où les chefs syndicaux brandissaient contre l'État les plus enflammés de leurs brandons que le gouvernement Bourassa raflait presque sans coup férir 102 sièges sur 110, dans une province où les sala-riés constituent 80% de la population.

Il y a fort à parier que les *establishments* syndicaux auront pareillement du mal, cette année, à isoler le Front commun du climat pré-référendaire. Ce gouverne-ment qu'il serait commode, pour fins de stratégie, de présenter une fois de plus comme l'ogre de l'État em-ployeur aura, qu'on le veuille ou non, un deuxième vi-sage aux yeux des syndiqués. Le visage du porte-parole d'un projet de société auquel un bon nombre d'entre eux ont déjà donné leur adhésion sinon leur militance. Quitte à se rincer la bouche après, les centrales syndi-cales devront bon gré mal gré se résoudre à aborder cette année la question nationale qui préoccupe tout le monde.

SAINT GEORGES ET LE DRAGON PÉQUISTE

Un ex-journaliste anglophone bien connu et bien enraciné au Québec, Edward Bantey, publiait récemment dans *Le Devoir* un texte alarmiste intitulé : «Les media anglophones amorcent encore une fois une ambiance d'hystérie». Aujourd'hui conseiller en communication, M. Bantey s'inquiète du climat de violence potentielle que le traitement émotif et biaisé de l'information politique de langue anglaise ferait actuellement peser sur le Québec. Comme à l'époque de la crise d'octobre '70 et de la fameuse «insurrection appréhendée», rappelle-t-il, tous les procédés semblent actuellement justifiés pour suggérer, grâce à une escalade d'insinuations plus ou moins mensongères, que le gouvernement actuel est une sorte de croque-mitaine et qu'il constitue une menace pour les libertés individuelles des citoyens.

M. Bantey, il va sans dire, rédige son texte au plus fort de l'affaire de la Sun Life et ne manque pas de fustiger le silence complice de ces éditorialistes qui se sont bien gardés d'informer leurs lecteurs ameutés du petit fait suivant : au moment même où la Sun Life annonce sa décision de transporter son siège social à Toronto sous le prétexte «de la loi 101 qui l'obligerait à fonctionner en français» au Québec, les règlements de cette même loi 101 concernant les sièges sociaux n'ont même pas encore été publiés... Et, lorsqu'ils le seront, de grosses multinationales déclareront que ces règlements leur semblent tout à fait acceptables et qu'ils ne les empêcheront nullement de vaquer à leurs affaires. L'affaire de la Sun Life était bel et bien une réédition, huit ans après, de la loufoque histoire des camions de la Brink's : à la veille du scrutin provincial de 1970, on s'en souvient, par crainte de voir «passer le PQ», les Libéraux avaient imaginé de faire défiler à l'aube, en direction de la frontière ontarienne, un impressionnant convoi de camions soi-disant remplis de «capitaux fuyant le Québec en péril»... 235

Décidée depuis longtemps à déménager son siège social pour des motifs de stratégie géographique complètement étrangers à la loi 101, la très anglophone compagnie Sun Life a simplement choisi de «faire de la politique» en essayant de tromper la population sur la cause réelle de son départ. Les Québécois, cette fois, ont refusé d'avaler la couleuvre.

Mais de tels démentis n'ont pas désarmé pour autant la troupe des saint Georges pourfendeurs du dragon péquiste. Chaque jour, ceux d'entre nous qui lisent les manchettes du *Star* ou de la *Gazette* y voient à satiété un René Lévesque ou un Camille Laurin dépeints sous les traits sournois d'instigateurs d'une sorte de francisation ou d'étatisation «appréhendées». Situation qui, on le suggère entre les lignes, justifiera bien un jour ou l'autre qu'on intervienne en haut lieu... «On», c'est-à-dire, bien sûr, Ottawa et les forces de l'ordre qu'on a vu déployées en octobre '70.

Les francophones du Québec, certes, pourraient réagir avec un superbe mépris en choisissant simplement d'ignorer ces slogans cafardeux comme s'il s'agissait de mouches importunes. Mais ce faisant, ils rendraient un bien mauvais service à la vie démocratique de leur pays. À quelques mois du référendum, en effet, il importerait plus que jamais d'aménager au Québec un climat d'objectivité et de respect mutuel entre les tenants du *oui* et du *non*. Après deux siècles de frustrations, de réclamations, de déceptions et de brimades à répétition, les Québécois sont désormais mûrs pour vider l'abcès constitutionnel à partir d'arguments sensés et de données factuelles. Ils doivent refuser à tout prix un retour à cette guerre des épouvantails qui constituerait une régression politique impardonnable et une injure au bon sens de la population.

Mais face à ce que Bill Bantey appelle «l'hystérie» des media anglophones, l'actuel Premier ministre du Québec, objet premier de leur abomination, demeure mal placé pour assainir l'atmosphère. S'il fait appel à plus de modération et d'honnêteté intellectuelle de la part de ses adversaires inconditionnels, on ne manquera certes pas de lui objecter aussitôt que, bien entendu, il «prêche pour sa paroisse...»

Le nouveau chef du Parti Libéral du Québec est au contraire éminemment bien outillé pour faire entendre raison à ceux qui ont salué son élection comme un signe d'espoir en des temps meilleurs. Appuyé très largement par l'électorat anglophone dont il s'est depuis longtemps gagné la confiance, Claude Ryan est personnellement connu en tant qu'ancien collègue, de tous ceux-là mêmes qui dirigent aujourd'hui l'information de langue anglaise. Sa campagne à la chefferie du Parti Libéral a été menée au nom de la rigueur et de l'intégrité: deux vertus intellectuelles qu'il doit donc sans plus tarder exiger de ses trop ardents collègues et supporteurs des media anglophones.

Certes, il se trouve que leur chasse aux sorcières apporte pour le moment une eau non négligeable au moulin de la thèse que les Libéraux se proposent de défendre. M. Ryan devra néanmoins avoir le courage d'en répudier l'utilisation s'il souhaite voir les Québécois procéder au choix adulte et réfléchi qu'il a préconisé tout au cours de sa campagne. S'il négligeait ou tardait trop à le faire, son entrée en politique aurait été inutile au plan de l'épuration de nos mœurs électorales et la fin continuerait, dans l'ancien Parti Libéral de Robert Bourassa, à justifier encore presque tous les moyens.

LIRE LES JOURNAUX EN TEMPS DE CRISE

Toutes les crises politiques ne donnent pas lieu à des échauffourées violentes ni à des chutes spectaculaires de gouvernements. Certaines, chroniques ou larvées, se contentent d'avoir lieu sur papier mais n'en paralysent pas moins certains rouages normaux de la vie d'un État. C'est dans ce sens que, depuis l'arrivée au pouvoir du Parti Québécois, le gouvernement d'Ottawa parle de plus en plus souvent de «crise constitutionnelle» et affirme que cette crise ne saurait être résolue tant que le gouvernement du Québec battra pavillon indépendantiste.

Aux yeux d'Ottawa, en effet, la présence d'un partenaire indépendantiste au sein d'une conférence fédérale-provinciale ressemble de plus en plus à celle d'un agnostique dans une assemblée de prières: elle remettrait en question le sens même de la réunion et gripperait au départ le processus habituel de négociations propre au régime fédéraliste. Car même en demeurant respectueusement à l'intérieur des limites de son mandat de «bon gouvernement», le partenaire indépendantiste ferait obligatoirement preuve d'une gourmandise intolérable en matière de pouvoirs et de fiscalité. Vraisemblablement un tel partenaire ne saurait se déclarer satisfait qu'une fois récupérés dans sa propre assiette les meilleurs morceaux détenus par le gouvernement central. Or un gouvernement central dépouillé de certains «gros morceaux» essentiels, c'est déjà, de fait, un fédéralisme éclaté. C'est donc à proprement parler sa propre peau que défend âprement Ottawa en mobilisant ses troupes en faveur du «NON» référendaire et en cherchant à discréditer le gouvernement Lévesque aux yeux des électeurs québécois en vue de son renversement. Ce raidissement normal en «temps de crise» ne touche d'ailleurs pas les seuls indépendantistes mais également nombre de beaux esprits caractérisés par leur souci d'ouverture et qui, dans le camp fédéraliste lui-même, avaient jusque-là manifesté des velléités d'intérêt envers une troisième voie mitoyenne entre le statu quo actuel et la souveraineté-association proposée par le PQ. C'est ainsi qu'en dépit des propos civilisés et des aménités d'usage, le rapport de la Commission Pépin-Robarts est plus ou moins menacé de «tablettage» ou même de court-circuitage. Si ses conclusions devaient en effet s'annoncer trop sympathiques à l'endroit des aspirations du Québec et constituer une brèche appréciable dans le mur de la résistance outaouaise, M. Trudeau pourrait tout aussi bien, comme il en a ouvertement parlé déjà, créer un Nième comité ad hoc chargé de re-réfléchir encore à ladite crise constitutionnelle. Mais, cette fois, dans les limites d'une plus saine orthodoxie fédéraliste...

C'est dans ce contexte d'affrontement de plus en plus déclaré qu'il faut désormais lire les journaux, regarder le journal télévisé, écouter les nouvelles à la radio. Il est de moins en moins probable, désormais, qu'on tente de refaire aux Québécois le coup d'octobre '70 et de l'insurrection appréhendée. Même incomplètement démasqués après coup, les procédés grossiers de la crise d'octobre s'étaient plutôt soldés, à long terme, à l'avantage de l'image des centaines de Québécois pacifiques injustement accusés de violence et de complots séditieux. Mais par ailleurs, il est d'ores et déjà certain que l'on continuera plus que jamais d'utiliser à fond la menace de déstabilisation économique, de chômage et de marasme social, comme si tous ces maux avaient attendu l'avènement du PQ pour s'abattre sur le Québec, le Canada, les pays d'Europe et l'Occident tout entier. Car, psychologiquement, rien ne ressemble davantage à une femme un peu velléitaire qui cherche à prendre son autonomie qu'un peuple qui a déjà commencé à affirmer la sienne: les deux s'attendent tellement aux représailles et aux punitions qu'ils sont tous deux portés à en voir là où il n'en existe pas encore!

C'est sur ce climat psychologique d'appréhension, sinon de culpabilité rétrospective, qu'ont jusqu'ici tablé certaines compagnies anglophones trop heureuses de permettre à la thèse constitutionnelle de leur choix de se faire indirectement un capital politique intéressant à même leurs décisions administratives. Il est assez piquant de noter à titre d'exemple que c'est rien de moins que le docte *Financial Post* de Toronto qui vient de blâmer avec la dernière sévérité la décision de la Sun Life de transporter son siège social hors du Québec. Selon le *Post,* c'est sa mauvaise gérance et son incurie face à l'évolution normale de la société québécoise qui contraint la Sun Life à prendre la décision que l'on sait et non la loi 101 derrière laquelle cette compagnie a cherché à camoufler son incompétence. Ailleurs, c'est la *Gazette* qui fustige le mauvais goût de la chocolaterie Cadbury qui, elle, a choisi, on se demande pourquoi, la date symbolique du 15 novembre 1978 pour mettre à pied ses 500 travailleurs en majorité francophones...

Certes, dès que le *Financial Post* et la *Gazette* eurent attaché le grelot et donné le feu vert à l'indignation populaire, ce fut au Québec un assez joli concert de «Oh!» et de «Ah!» chez les éditorialistes. Mais il reste quelque chose de profondément affligeant à ce réflexe du colonisé qui, la tête sur le billot, attend que les coups pleuvent et qui commence à relever timidement la tête quand son colonisateur lui assure qu'il a tout à fait le droit de le faire puisqu'après tout il n'est pas coupable! Comme ces «féministes» que nul ne convainc si bien de leurs droits légitimes qu'un orateur ou un écrivain masculin qui vient enfin dédouaner par ses propos leur conscience tourmentée...

Ottawa l'a bien dit: tant que le Parti Québécois demeurera en poste à Québec, nous demeurerons en «état de crise» permanente et, par conséquent, l'information dite «objective», qui s'avère déjà un mythe en temps normal, a plus que jamais cessé d'exister. Toute nouvelle, sensationnelle ou banale, devient aussitôt munition potentielle en faveur d'une thèse politique. Et puisque, depuis la disparition du *Jour,* il n'existe plus un seul journal d'allégeance indépendantiste au Québec, force nous est de conclure que les grands artificiers de toutes ces munitions psychologiques demeurent les chefs des nouvelles du journal que vous et moi lisons chaque

matin en prenant notre café. À nous de décoder le
«sens» caché de la nouvelle derrière la grosseur de la
manchette. Il y en a sûrement un.

PETIT À PETIT, L'OISEAU FAIT SON NID

« L'idée de liberté ne saurait
s'accommoder de l'ignorance »

Abraham Lincoln,
Président des États-Unis

Un parti politique qui ne chercherait pas à prendre le pouvoir quand il est dans l'opposition, ou à le conserver lorsqu'il est au gouvernement, ferait mieux de se convertir en communauté hippie: il apparaîtrait aussi incongru en démocratie qu'un congélateur au pôle nord.

Au Québec, parce qu'un certain passé religieux nous a longtemps portés à aborder même les questions politiques sous l'angle moral, nous avons trop souvent confondu ce légitime désir d'exercer le pouvoir avec la passion personnelle du pouvoir. Cette dernière allait alors rejoindre, dans le cloaque obscur de nos phantasmes collectifs, celles, pires encore, de l'argent, de l'alcool et de la luxure...

Certes, et cela se vérifie à tout moment, un homme politique qui se laisse griser par l'exercice de l'autorité et par les honneurs qui lui sont attachés voit généralement s'émousser très vite le meilleur de son jugement politique. Il s'isole alors avec une délectation narcissique dans sa tour d'ivoire, écarte graduellement ses conseillers les plus désintéressés pour s'entourer de flatteurs, se coupe progressivement de son peuple et finit tôt ou tard par être rejeté des siens. Voilà pour la passion personnelle du pouvoir: comme dans les meilleurs contes d'enfants, les bons sont réélus et les méchants battus aux élections!

Mais une fois réglé le sort de ces passions mauvaises le pouvoir reste de toute évidence en démocratie l'instrument privilégié dont un parti doit aspirer à se saisir s'il veut voir triompher un jour ses idées. Le pouvoir de légiférer est en effet le moyen par excellence (le seul peut-être) que possède un parti pour donner un contenu concret susceptible de rendre visibles et sympathiques, aux yeux de l'électorat, des idéaux politiques jusque-là fort abstraits. Ce sont les lois et leurs répercussions palpables dans la vie concrète des citoyens qui, seules ou à peu près, ont le pouvoir de donner finalement un contenu vérifiable à ces réceptables pâles et transparents que demeurent les théories politiques prises isolément. C'est cette conviction déduite progressivement après des années de fréquentation quotidienne des idées qui a amené, autour des années '60, des intellectuels comme Gérard Pelletier et Pierre Elliott Trudeau à «faire le saut en politique».

On dit aujourd'hui que, menacé par les sondages qui annoncent la montée du Parti Conservateur et la grogne du Canada anglophone, «le gouvernement Trudeau s'accroche au pouvoir» en étendant jusqu'à la dernière limite autorisée par la loi son mandat de cinq ans. Comme s'il n'était pas de bonne guerre pour un homme politique d'espérer retrouver un moment plus favorable pour son parti d'aller aux urnes... Certes la cote d'amour du Premier ministre n'est pas assurée pour autant de remonter une fois l'été revenu ; à moins, bien sûr, que nous n'assistions *in extremis* à une gigantesque opération de diversion destinée à polariser ailleurs l'attention de l'électorat mécontent (par exemple sur une Nième menace de crise constitutionnelle) pour enlever à ce dernier le goût d'aller voter sur les performances du gouvernement sortant... Mackenzie King, en 1926, au plus creux de l'impopularité, devait ainsi gagner une élection en s'inventant de toutes pièces un conflit bidon avec Londres. Robert Bourassa, par contre, devait perdre les siennes en 1976 en recourant à la même combinaison chanceuse. Laquelle, comme on le voit, ne fait pas «tilt» à tous les coups, la politique demeurant, parmi les jeux de hasard, le plus imprévisible de tous...

À Québec également, on semble plus déterminé que jamais à gagner le référendum et à se faire reporter au pouvoir l'année d'après. Là aussi, comme dans le cas du gouvernement Trudeau, force nous est de reconnaître que cette détermination reste encore une fois de bonne guerre. À Québec aussi, on a décidé d'étendre au maximum la durée du mandat populaire afin de laisser l'idée encore abstraite de souveraineté-association le temps d'habiller son squelette de chairs et de muscles. Dans nos démocraties modernes, il faut en effet près de deux ans à un nouveau gouvernement, de quelque couleur qu'il soit, pour commencer à faire sa marque et à modeler, par ses législations nouvelles, la vie en société à l'image de son idéologie de base. À l'instar des poids lourds des routes et des airs, les gouvernements ont tous besoin de temps pour modifier de manière appréciable le cap imprimé par le pilote qui les a précédés aux commandes de l'État.

Au Québec, petit à petit, l'idée au départ effarouchante de souveraineté-association poursuit ainsi son petit bonhomme de chemin. Même les prudentes Chambres de commerce, autrefois inconditionnellement attachées au statu quo constitutionnel, se déclarent aujourd'hui favorables à une «troisième voie». Formule encore un peu confuse il est vrai, mais qui, d'une plume perdue ou gagnée, à droite comme à gauche, pourrait peut-être finir par ressembler à l'une ou l'autre des «étapes» ménagées par le stratège Claude Morin? Ainsi la loi 101, qui faisait tant se récrier l'année dernière dans les chaumières du West Island, ne mérite même plus aujourd'hui une manchette de dernière page et les écoliers «illégaux» du P.S.B.G.M. ont même précédé ceux de la C.E.C.M. dans leur mouvement discret de retour à la légalité. Feue Sophie Wallock, longtemps directrice éditorialiste du journal montréalais *The Suburban,* est bel et bien disparue avec son époque: celle où l'on pouvait encore faire croire aux braves gens que René Lévesque était la réincarnation d'Adolf Hitler et le docteur Laurin le fossoyeur des libertés individuelles. Même la compagnie Sun Life paie aujourd'hui la note de cette maladroite utilisation du terrorisme idéologique: sa clientèle et ses vendeurs francophones, les chiffres en témoignent, sont passés discrètement du côté des mutuelles d'Assurance-Vie du mouvement Desjardins.

Telle est l'une des caractéristiques des derniers
244 chiffres et des derniers sondages portant sur l'apprivoi-

sement lent mais graduel de l'idée de souveraineté-association: plus les électeurs sont scolarisés, plus cette forme de liberté politique leur apparaît plausible. Et, comme il fallait s'y attendre en contrepartie, plus ils sont âgés ou défavorisés dans l'échelle salariale, plus leur crainte et leur réticence s'exprime face au risque de la nouveauté constitutionnelle. Tel est aussi le défi que tente visiblement de relever le gouvernement Lévesque d'ici le référendum: combattre par des actions ponctuelles et cette ignorance et ces aliénations, pour persuader cette portion craintive de l'électorat de ce qu'il croit être la légitimité et le réalisme de son option. Quitte, comme on l'a vu, à «couper la bouchée en deux» pour la rendre plus digestible en ne sollicitant, dans un premier temps, qu'un simple «mandat de négocier».

Face à cette «étape inattendue vers l'étapisme», l'opposition libérale, bien sûr, déploiera tous ses efforts pour tenter au contraire de précipiter la consultation populaire et de radicaliser dans un sens plus théorique et plus rébarbatif le contenu de la question. Tout ceci étant encore une fois de bonne guerre de la part d'un parti qui espère obtenir un *non*. Mais même au cours d'une bonne guerre, il convient d'utiliser de bonnes armes et le recours aux épouvantails devrait avoir fait son temps.

Quand une idée fait son chemin et que plus personne ne croit qu'elle constituerait «un crime contre l'humanité», le temps est venu de s'adresser à l'intelligence des gens. Deux thèses sérieuses s'affrontent dans un contexte encore démocratique qu'il conviendrait de sauvegarder. La dernière conférence fédérale-provinciale, d'ailleurs, a démontré que le temps était révolu où le gouvernement central pouvait, d'un coup de baguette magique, ameuter les neuf autres provinces contre le mouton noir québécois. Et M. Lévesque est de moins en moins seul, parmi les Premiers ministres, à penser que le fédéralisme actuel a besoin d'un sérieux coup de plumeau.

LE TESTAMENT POLITIQUE DE ROBERT CLICHE

Le pain quotidien du journalisme, c'est l'événement. Et la règle de fer de l'actualité, c'est de contraindre l'événement d'aujourd'hui à chasser inexorablement de la scène celui d'hier. «Rien n'est plus vieux, disait l'écrivain François Mauriac, que le journal de la veille.»

Inutile de s'attarder en longues réflexions: Jean-Paul 1er est mort; vive Jean-Paul II. Des dizaines d'handicapés périssent dans une tragédie routière; Christina Onassis épouse un citoyen soviétique... Et ainsi, parfois, un homme ou une femme éminents disparaissent de notre vie collective, laissant à peine quelques jours sur la surface lisse de l'actualité les quelques ronds dans l'eau que fait un caillou jeté à la rivière.

J'ai souvent ressenti de la frustration devant les contraintes professionnelles qui m'obligent à écrire des propos qui seront souvent lus des mois après leur rédaction, au moment où les préoccupations de l'actualité seront peut-être tournées vers de tout autres matières. Mais comme écrivain, en ce matin lumineux de la rentrée, j'accueille plutôt comme une grâce cette contingence qui me permet d'échapper à la loi de l'actualité et de réfléchir à long terme sur le testament politique d'un homme comme Robert Cliche décédé prématurément le 5 septembre dernier à l'âge de 58 ans.

Car Robert Cliche, ancien candidat N.P.D., magistrat et humaniste (il aimait l'austérité de ce vieux mot) n'était pas un homme politique ordinaire. Si hors du commun, en ces temps d'affrontements idéologique souvent féroces, qu'avec lui le mot «politique» reprenait toute sa gravité et sa noblesse anciennes: celle du service inconditionnel de la chose publique. Si élevée au-dessus des luttes de partis et de la passion du pouvoir était la sollicitude chaleureuse qu'il portait à son peuple, que sa parole chaude et imagée avait sur tous les esprits, intellectuels comme petites gens, un extraordinaire pouvoir de persuasion et de rassemblement. Rares sont les hommes publics qui auront été pleurés dans une pareille unanimité de classes comme s'il s'agissait d'un parent ou d'un ami personnel.

Drue et impitoyable était pourtant cette parole. Qui n'a en mémoire l'image de sa crinière en bataille et de son index accusateur lorsqu'au cours des audiences de la Commission d'enquête sur l'exercice de la liberté syndicale il débusquait chez un témoin retors le mensonge, la brutalité ou la corruption? Ou lorsqu'à la tribune prestigieuse d'un congrès du Barreau il fustigeait ses auditeurs pour s'être coupés de l'estime populaire par leur indolence de privilégiés et leur absence d'engagement social? Et pourtant, tous ces «durs» comme tous ces biens nantis, grimaçant sous les coups, reconnaissaient à sa voix une autorité morale indiscutable et lui conservaient en ronchonnant leur estime. Car la vie de cet homme-là était à la mesure exacte des propos qu'il tenait: droite comme le tranchant d'une épée et nourrie à même les plus profondes racines du Québec: Robert Cliche n'avait pas d'ennemis personnels.

Tous les partis politiques sans exceptions ont admiré tour à tour l'intuition et la vive intelligence de ce Beauceron rusé qui savait en quelques minutes flairer l'événement et la direction du vent qui le portait. Tous, les uns après les autres, ont sollicité sa candidature et rêvé de la voir incarner un jour leurs idées. C'est que la rare qualité du jugement politique qu'il portait lui venait de son exceptionnel enracinement dans la complexité du terreau québécois: lorsqu'il ouvrait la bouche, le social-démocrate entendait s'exprimer sa soif de justice sociale, le libéral son attachement viscéral aux libertés individuelles, le créditiste son souci obsédant de ne pas voir l'avenir s'édifier sur une rupture brutale d'avec le passé, le péquiste son nationalisme fondamental.

Et déroutante, en effet, pour les carriéristes politiques et les «penseurs» du pouvoir était sa manière à lui de prendre le pouls des siens et de se rebrancher sur la sagesse populaire aux moments qui exigent une décision rapide... À ces heures cruciales où les politiciens ordinaires s'enfermaient à huis clos dans des chambres d'hôtel pour tenir des conciliabules secrets, lui descendait tranquillement à la tabagie, au bureau de poste et au salon de barbier de son village de Saint-Joseph confronter «l'opinion du peuple» avec sa petite idée personnelle. Et le jugement lapidaire d'un commis voyageur expérimenté revêtait tout autant d'importance à ses yeux que les brillantes constructions des intellectuels qui fréquentaient son hospitalière demeure...

Aux hommes publics du Québec, Robert Cliche léguera donc cette leçon profonde: toujours garder le contact avec le pays réel, se méfier constamment de soi-même et de ses pairs. Car le vrai démocrate est un homme d'espérance dont la foi se nourrit de la sagesse du peuple tout entier.

En ces années de grande mutation culturelle où le Québec s'était détourné des discours souvent moralisateurs des Églises, Robert Cliche avait su retrouver, au fond du cœur des Québécois, cette loi populaire toujours vivante et qui demeurait impitoyable à tout ce qui est cupidité, égoïsme, hypocrisie, racisme, intolérance, exploitation des faibles, abus du pouvoir sous toutes ses formes. En ces années décisives où les Québécois auront sans doute à décider de leur avenir par voie de référendum, cette voix qui savait allier comme nulle autre gravité et truculence nous fera cruellement défaut. En ces jours où pourront s'affronter brutalement les idées et les hommes, la référence quotidienne à la fibre morale de ce porte-parole irrécusable nous manquera à tout instant.

Car me revient en mémoire l'obsession qu'il m'avait confiée en interview à la veille de compléter le rapport de la Commission à laquelle il devait donner son nom: celle de trouver pour la couverture du volume un exergue qui exprimerait de manière frappante son souci de réconciliation entre les parties qui venaient de se livrer devant lui depuis des mois à d'impitoyables passes d'armes. Il avait finalement trouvé dans *Menaud maître-draveur* la phrase qu'il cherchait: «Heureux les hommes et les peuples raccordés»... répétait-il alors tout joyeux à l'idée de voir le juge emprunter le langage du poète

pour mieux livrer son message.

Que nous dirait d'autre aujourd'hui ce rassembleur d'hommes, témoin de nos divisions? Que l'idée de pays ne saurait être réduite à une formule constitutionnelle, ni à un parti, ni à plus forte raison à un leader politique éphémère. Qu'elle réside au-delà de tous ces particularismes, au-dedans de notre conscience, exigeant, quelle que soit l'issue de nos choix futurs, que nous continuions tous à croire en lui et à lui donner le meilleur de nous-mêmes, dans la victoire comme dans la défaite de nos options individuelles. Des hommes et un peuple raccordés autour de l'essentiel et du plus noble de l'engagement politique.

TABLE DES MATIÈRES

TROISIÈME PARTIE
Femmes d'ici

QUATRIÈME PARTIE
L'enfant, l'école et la culture

CINQUIÈME PARTIE
Balises de reconquête

ACHEVÉ D'IMPRIMER SUR
LES PRESSES DES ATELIERS
MARQUIS DE MONTMAGNY
LE 5 AVRIL 1979 POUR
LES ÉDITIONS LEMÉAC INC.